Flower Matango(d), 2001-2006

Oil paint, acrylic, fiberglass and iron 3150×2044×2630mm

Photo by Koichiro Matsui (1~3page)

Oval Buddha, 2007-2010

大仏オーヴァル

Bronze, gold leaf

5680×3120×3190mm

Pom & Me, 2009-2010

僕とPOM

Carbon fiber, steel and corian base

1100mm

Jellyfish Eyes-SAKI, 2004
めめめのくらげ 咲 FRP, steel 975×660×990mm

Jellyfish Eyes-MAX & SHIMON, 2004
めめめのくらげ MAX&シモン FRP, steel 975×1400×1400mm

Jellyfish Eyes-TATSUYA, 2004
めめめのくらげ 竜也 FRP, steel 975×470×503mm

Courtesy Blum & Poe.

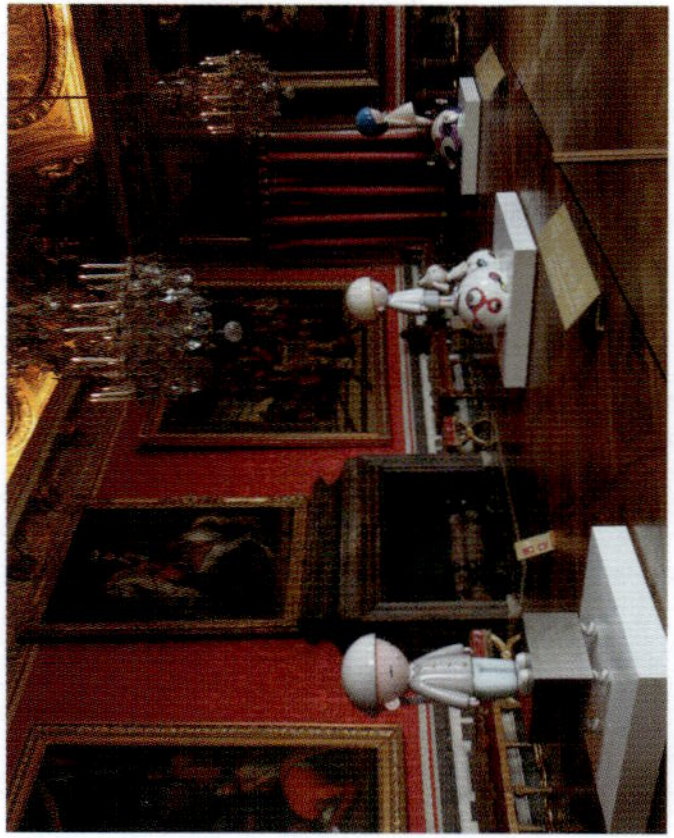

Tongari-Kun, 2003-2004
とんがりくん
Oil paint, acrylic,
synthetic resins,
fiberglass and iron
7000mm

Superflat Flowers, 2010
スーパーフラットフラワーズ
Acrylic, fiberglass
reinforced plastic,
carbon fiber, steel
2870×4500×910mm

Kaikai Kiki And Me
- For Better Or Worse,
In Good Times And Bad.
The Weather Is Fine, 2010
カイカイキキと私
―良い事も悪い事も、あったりなかったり。
今日は天気です
Acrylic and platinum leaf on canvas
mounted on aluminum frame
1500×1500×50.8mm
Courtesy Gagosian Gallery, New York.

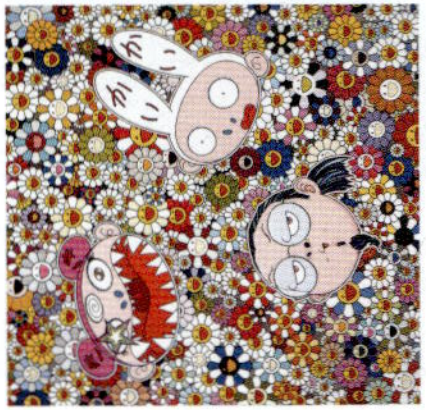

Kaikai Kiki And Me
- The Shocking
Truth Revealed!, 2010
カイカイキキと私―新事実、発見！
Acrylic and platinum leaf on canvas
mounted on aluminum frame
1500×1500×50.8mm
Courtesy Gagosian Gallery, New York.

Means Exceeded, 2010
身分不相応
Acrylic on canvas mounted on board
1500×1160×50mm

Dragon In Clouds -
Red Mutation, 2010
雲竜赤変図
Acrylic on canvas mounted on board
3630×18000×70mm

芸術闘争論

村上　隆

幻冬舎文庫

まえがき

芸術家が夢見ること。
それはこの身が滅却したそのまた遥か数百年後の未来の美術館。
そこに「今」現代の作品がずらりと並ぶ風景の中に立ちすくむこと。

ぼくは美術館が大好きで、その中にある歴史を刻印する芸術作品を眺めながら、育ってきました。いつか自分もそういう「今」を封じ込めた作品を作りたい。そう願って、日々のトレーニングに励んでいます。つまり、ぼくは未来のぼくのような人に向かって、「今」を刻印する任務を突きつけられている。理想やファンタジーではない、現実の「今」です。

その「今」、芸術の世界は大きな変革期を迎えている。
まず、芸術家を取り巻く社会が変わった。中世までの芸術家は、王侯貴族のお抱え画家として、腕によりをかけてクライアントが満足のゆくまで、肖像画を描いていました。宗教建築の空間デザイナーとなって壮大なスケールを贅《ぜい》を尽くした素材で埋めていく。新しいクライアントとして医療ギルドや政治結社、そして商人の力が付きはじめたら、彼らの向上心を満たすための前衛的な作品を作る。

彼ら社会の実権者たちの虚栄心を満足させるための道具、インテリアを作る。戦争に出合えば、戦争にプロテストする芸術を作る。かと思えば、勝利した国では国威高揚のためのムーブメントを盛り上げる作品を作る。芸術家は「今」を生きる糧を得るために、クライアントのニーズに応え続ける。もちろんそれだけではない。その隙を突いて、自身の思い込んでいる未来への妄想、心の正義、執着を刻み込んできたわけです。

さらに、資本主義が成熟してくると、芸術は独立独歩を求めて歩きはじめます。いや、独立独歩であるかのような歩みを演出されている「前衛」を売りにして資本の頂点、そしてメディアの頂点目指して、スキャンダルを創造しはじめる。絵画や彫刻や空間演出等で、五感だけでなく第六感にまで訴える、ショック！　ビックリさせる手法・思考に磨きをかけてあの手この手で作る。

芸術は拡散し、富めるものだけへの嗜好品から大衆のエンターテインメントにまで広がった。この三〇年、世界中に美術館が建造され、夥《おびただ》しい数の芸術作品がその空間を埋めるために購入され、展示されてきたのです。

そして、ぼくが好きだった美術館へと作品が次々と流れ込んでいった。芸術の立脚する寄る辺が完全に変化したのです。

芸術とは何か

ぼくは、前の本（『芸術起業論』）の中で、

「アートは単純なルールで解釈可能だ」

と主張する一方、

「本来の意味の芸術は、ルールの中におさまるはずがない」

と、述べています。この二つはそれだけ取ると矛盾しているように感じられるかもしれません。でも、表面上の言葉に惑わされないで、ぼくが何のためにそう述べているのか、どこに圧力がかかっているのか、それを意識して読んで欲しい。

ぼくは本書の中で繰り返し、コンテクストと圧力ということについて語っています。コンテクストというのは文脈のことです。その言葉がどういう文脈で、何のために言われているか。

例えば、ぼくはこの本の第一章で「芸術とは何か」ということで、「現代美術」と「美術」と「アート」と「ＡＲＴ」の違いについて述べている。しかし、例えば、今ここに将来アーティストになりたいという若い人が来て、「現代美術と美術とアートとＡＲＴの違いについて教えてください」と聞いてきたら、もしかしたらぼくは「現代美術、美術、アート、ＡＲＴも基本的には一緒にしてしまって良いのではないかと思うよ」と答えるかもしれない。これまでの歴史や現状について分析的に語るのと、アーティストになろうとしている若者にこうあって欲しいと願うのではまったく違うのです。

今日の芸術

芸術は「今」、美術館の壁を埋めるためのインテリアだ、とも言えるでしょう。そしてそのニーズのスケール、スピードは加速度的に膨らんでいる。戦後のファッションシーンが一気に盛り上がり、ファッションデザイナーが無数に登場した時と同じように世界中の人が芸術に夢中になって、芸術家が登場して来ている。そういった状況の中、芸術家の作品の制作動機も作り方も何もかも変わりました。

最先端で走っている芸術家はその「今」に応えて来た。しかし、美術館の増設のスピードとオーディエンスのニーズの変化の速度は、必ずしも同期していない。彼らの望む美術館への期待とは、こういうことに他なりません。

・現世、俗世の喧噪《けんそう》、ややこしい人間関係とかお金への不安から逃避したい。

・カビのにおいが立ちこめる品の良い図書館の中にある歴史そのものとの交流。

・アーティストが気が狂ったり、ドラッグで死んだり、刺されたり、不遇になったり、色恋で悩んだり、不幸な境遇を生きているにもかかわらず、美しさを表出させることができた奇跡を楽しみたい。

オラが街にも美術館は欲しい。

ふらりと立ち寄った美術館に泰西名画がかかっていて、悠久の芸術家たちのたどった苦悩の旅路を追体験することを望んでいる。しかし、美術館の増設されるスピードと泰西名画の個数のバランスが合わなくなってきている。美術館は、観客への嗜好《しこう》の変革を促進させ、自らの存在意義を社会に承認させようと模索しはじめる。ワークショップや解説員のツアー。啓蒙プログラムの充実で鑑賞のルールを変えることで、生き残りを果たそうとしている。これと同時に、新しい芸術家、ムーブメントがでっち上げられ、承認され、まやかしの芸術の殿堂入りを促進し続けている。

どんどんできる、まだまだ増える美術館。その需要と供給のアンバランスがここ一〇年間の芸術作品の高騰のバックグラウンドです。そんな中で、模索し奔走し思考し、正義を貫こうと走って来た芸術家たち。一九九〇年代から芸術家の生き方、制作へのモチベーションの持ち方、社会内存在意義、そして、着床するべきクライアントの変化が、まったく新しいシーンとリアリズムを作りはじめている。

その葛藤の中ででき上がってくる新しいフォーム、ルール。ヒストリアン、学芸員、評論家、ジャーナリストらの業務内容の変化と淘汰。同様にマーケット内でのギャラリスト、アドバイザー、オークションハウスらの業態の変革。プロデューサー、オーガナイザー、インヴェスター等新しい顔役の登場。これらの「今」が持つ激烈な変化を、日本の芸術シーン、美術大学の教育の現場は、まったく把握していません。

現状の速度と変化に気づかずに、極東の片隅でニューヨークやヨーロッパの芸術界を、二〇〇〇年前と同じ視座で、彼らの先鋭性の文脈を勘違いしながら、羨望し続けるしかないのでしょうか。否、そうではありません。ぼくはまったく違った争点で芸術を発想し考え創造してきました。ポイントはただ一つ「西欧式ARTヒストリーへの深い介入可能な作品制作と活動」。それによってのみ、はじめて西欧式ARTのルールそのものも書き換え可能となる。「今」その構造を断ち切り、変革の時代を認識し、ぼくら極東の日本人が使えるアングルを捻出することは、日本芸術界の悲願とも言えます。

今までの芸術の考え方をひっくり返し、逆転の発想力を持って、我々から、世界のシーンを変えるという設定をしてみよう。その野望を果たすために、西欧の芸術の歴史を今一度見つめ疑問点を明確にし、我らのアドヴァンテージを発掘してみましょう。我らの鉱脈の発掘は実は簡単なはずですが、日本の芸術業界に蔓延する怠慢と欺瞞がその発掘作業を許さない。バリケードは固く強靭です。

敵は我々の中にある。

その敵との闘争に勝たねば新しいルールを組み立てることはおろか、ネタの採掘の第一歩も行えません。日本は「悪い場所」だからと言って何もしない人間の怠惰と自己欺瞞こそがいちばん「悪い」。曖昧に物事を放置することで可能性を保持し、しかも自分の安全領域も確保できるという姑息な手段が横行し続けた日本美術史はとうに終わっている。結局アクティブにコミットすることでしか、状況は変わらない。安全なところで胡坐《あぐら》をかいて論ずるだけでは何も変わらない。行動するしかない。実践あるのみです。

だから、実践とか闘争論といっても経験とトレーニング抜きに言葉だけで理解しても仕方がない。例えば、高野山で修行する阿闍梨《あじゃり》は一〇〇〇日間、山を走り続けます、言葉に書けばこれだけのことだが、実践するのは精神的な困苦を抜きにはできない。ＡＲＴと金という話も、机上の空論ではなく、実践の部分で、日本のアーティストのやわな精神力では持たない。コンセプトでは偉そうに言っていても実践できなければ意味がありません。

日本のアーティストよ出でよ

そもそも、アーティストと呼ばれる日本人の中で世界で活躍しているのは一〇人くらいしかいません。では、その一〇人に共通する法則はあるのか？

つまり作家、もしくは作家志望が数万人いる中で、なぜその一握りしか成功していないのか。不思議ではありませんか。

ぼくは、この本で、なぜ一〇名だけしか成功できないか、ということに対する答えを明確に述べています。そのことによって手塚治虫の『マンガの描き方』や石ノ森章太郎の『マンガ家入門』と同じように無数のアーティストが出現してきて欲しい。

たぶん、この本をきちんと読んでくれる人がきっと二人くらいはいるはずです。その二人の中にはぼくを倒しにくる人がいるかもしれない。その時は全力で闘いたい。手塚治虫に対する大友克洋のような作家も出て来なければこの本の存在する意味がない。

闘いもしないで、闘うぼくのことを嘲《あざけ》っていたい人は嘲っていれば良い。

この本を書く、ぼくの野望、それは世界のアートシーンへ日本人アーティストを一気に二〇〇人輩出させること。そうすれば世界は変わる。アートのルールは変えることができます。我ら日本芸術界の欺瞞の歴史と、その安楽な生き方と、闘わねば！　そして、苦難の門を開け放ち、辛く苦しい鉱脈発掘への冒険へと突入させたい！

この本は、そうしたぼくの煮えたぎる芸術への想いを、授業形式にまとめたものです。読めば必ず、現実を変えようと思っている人の闘う糧となると信じています。

芸術闘争論

目次

第三章　実作編　139

第四章　未来編——アーティストへの道　209

第一章　今日のアート——情況と歴史

トレンドは説明できる。マスターピースは時代背景から説明することが可能だ。しかし、今、現在を説明することはできない。だから、行動するしかない。ぼくら芸術家は言葉なんか待っていられない。

これから芸術闘争論の講義をはじめるにあたって、最初に、ぼく自身がこれをどうしてもはじめたいと思った理由と方向性についてお話しします。

日本の美術大学なり日本の専門教育においては、ぼくが体験してきたＡＲＴの世界は、何も教えられていません。今どきの大学や専門学校では学生は〝お客さん〟です。先生方が気を使って本質論を言っていない。生徒がわからないことを言ったりすると文句が出る。

ぼくもＧＥＩＳＡＩ（無審査で出展できる現代美術の祭典）というイベントをやっていますが、皆、出展料というお金を払った瞬間にお客さんになって言いたい放題です。それはそれで仕方がないかもしれません。

GEISAI#11
2008年9月14日／於・東京ビッグサイト

その意味では、GEISAIでぼくは自分で自分の首を絞めているわけです。この本では、そういう責任からはなれて、ぼくが努力してできる限りは、デザイナーとかビデオアーティスト志望の人、そういう少しでもアートに興味のある人にわかるというレベルでお話ししたいと思います。

皆さんから質問されたり、いろいろお話ししていると、皆さんが自明なものとされている「芸術」「ART」の前提が、やはり、ぼくみたいに西洋で活動している人間とは随分違うと思うことがあります。

ニュースになっている作品が何億円だとかオタクの魂を搾取しているとか、集団制作をしているということだけで、ぼくのことをいかがわしいと思っている方がいます。そういう隔たりが、どんどん大きくなっている。この本を読んでもらうことで、そういった溝を埋めたい。

もう一つは、この本を読んで覚醒する若者が何人かでもいてくれたら良い。ぼくも、亡くなられてしまった荒川修作さんのトークショーなどを聞いて覚醒した若者でした。だから、本の内容にかかわらず、勝手にぜんぜん違う方向に気がついてしまう若者もいる、そういう人に読んで欲しい。そう思います。

美術、アート、芸術、横文字の「ART」

ぼく自身がいつもこだわっているのは「現代芸術とは何か?」ということです。森村泰昌さんらが活躍した、一九八〇年代くらいに日本現代美術というのはある種の黎明期を迎えました。その頃から言われていたのが、美術という言葉とアートという言葉と芸術という横文字の「ART」の違いです。ぼく自身がやっているのは、あきらかに横文字の「ART」です。しかし、たまに自分自身としては芸術という言葉を使って仕事をやっている場合があります。

アートという言い方であったり美術という言い方は、いろいろあいまいな意味が含まれているのであまり使わないようにしているのですが、学生の前であるとか社員の前では使ったりしているかもしれません。

森村さんによれば、日本で「現代美術」という言葉が一般に使われ始めたのは一九六〇年代後半に東野芳明の『現代美術』(美術出版社)が出版されたころだそうです。それ以前は、まだ「前衛芸術」という言い方が残っていたんですね。カタカナの「アート」という言い方はもちろん昔からありましたが今使われているような意味でアートという言葉が使われ始めたのは一九八〇年代だというのが森村さんの説です。

ぼくが伊東順二の『現在美術』（パルコ出版）や中村信夫の『少年アート』（弓立社）を読んでこの世界に入ってきたころにはすでに「アート」という呼び方がリアルなものになっていました。だから、ぼくは自分の作品や表現行為の枠組を「ＡＲＴ」「アート」あるいは「現代美術」と言っています。これが日本の事情です。


今から、ぼくが述べるのは、西欧式の横文字のＡＲＴについてです。このＡＲＴというのは日本人にはわかりにくいものです。

江戸時代の頃に文化の最先端として、西欧絵画、油絵が入ってきた時というのは、ＣＧや３Ｄ映画を観た時以上の驚きがありました。つまり「３Ｄ（立体）に見える」わけです。

それ以来日本人は西洋から入ってくるものが上位・本格

東京芸術大学大学院
卒業制作中の筆者
1987年

で、ぼくら日本人はどちらかというとそれを追従する立場にいる、そういう構造でずっと作品を作ったり、鑑賞したり、考えてきたと思います。

ぼくもそうでした。ぼくは東京芸術大学というところの日本画科に芸術の勉強をしたいと思って入りました。東京芸術大学というのは、そもそも岡倉天心が西欧の文化に対して、文化立国するためにも芸術を使って自国の文化を啓発し、絵画、建築、彫刻、そういうもので国威を発揚しようとして国家事業として三五、六歳の時に作ったわけです。わざわざ、相対化するために洋画に対して日本画といったわけですから、その中で日本画が重要であることは間違いありません。

第二次世界大戦が終わる前まで日本画は、日本の絵画のヒエラルキーの中でトップでした。岡本太郎たちがいた時代でもなおそうだったと思います。今や日本画は、そういう地位にはいません。当時、天心がフェノロサたちと作っていった構造は崩壊してしまいました。その日本画科にぼくは一九八九年くらいまで在籍していました。

そのころの日本画は、冷戦の崩壊はあったものの、バブル経済で経済的には頂点に上っていきました。けれども、「芸術としては何かどうもおかしな具合になってきている」というのは、皆、気がついていて、特に、ぼくみたいな若くて、敏感にその時代を感じたいと思っている人間にとっては文化としては無意味な存在として映っていました。ぼくは日本画という日本という名前のついた芸術を勉強していたので逆に西欧式のＡＲＴというものに対してすごく興味をもったわけです。

「西欧式のＡＲＴ」とは何か

村上隆が標榜する「ＡＲＴ」とは何だ？　ようするにどういうところが自分たちが考えているアートと違うのか!?　という人がいます。ぼくも同じような疑問を持っていました。だから、ぼくは一九九三年くらいにアメリカのＮＹに渡って実践で勉強してきたわけです。

今、ぼくは現代美術をゴルフやテニスにたとえると全米オープンか全英オープンのランキングでだいたい一〇位から二〇位に入っている選手です。西欧では評価されるのに、なぜ日本で批難されるのかといえば、日本人が西欧式のＡＲＴのルールを知らないからとしか言いようがありません。

では「西欧式のＡＲＴ」とは何か、ということを上手く話せればいいと思うのですが、基本的なことほど説明するのはとても難しい。難しいのはひとつには自民党とか民主党とか政治の世界と同じで、「西欧式のＡＲＴ」もいろいろ変化しているからです。時として、プレイヤーも理論的な人が優位を占める時もあるし、今、現在はどちらかというとマネーゲームの覇者たちが重要な位置にいます。しかも、プレイヤーもどんどん変わるわけです。ぼくが「こうなんだ」と語ったとたん、ぜんぜん違うシーンというのが明日から出てくるということもありえる。だから、とりあえず、ぼくが今まで実際に体験してきたものと、自分が標榜するものを基盤にして、これから「西欧式のＡＲＴ」とは何かについて、述べてゆきたいと思います。

現代美術作品はなぜ高いのか?

西欧式ＡＲＴとは何か、そのままでは抽象的過ぎるので、具体的な設問と組み合わせることで答えられないか挑戦します。

これは本当に多い質問なのですが、「鉛筆やタンポポや朝焼けのように現代美術の作品よりも廉価で優雅で美しいものがたくさんあるのに、現代美術の作品は、どうしてあんなに高いのか」ということをよく言われます。皆さんの中にもそう思われる方がいらっしゃるかもしれません。このことを、ＡＲＴとは何かということと関連づけてお話しします。

もしもぼくが間違えていたら、ぜひ教えて欲しいし、修正してください。ただ、ぼくは間違えていることも自分で武器だと思っているところもあります。勘違いして、都合の良いように解釈し、現場を動かす時のアイデアや方便になるというのはすごく重要です。例えば、幕末の頃、日本には、攘夷《じょうい》という思想がありました。外国人を打ち払って日本に入れるなという考え方です。これそのものは、その後の歴史からみれば間違っていたといわれても仕方がない。しかし、三〇〇年も続いた徳川幕藩体制を打ち倒すのに、攘夷抜きでは考えられなかったのも事実です。ぼくは、ウソをついてもいいなどと言っているわけではありません。ただ、間違いが歴史を動かすことがあるわけです。

歴史をさかのぼると、ぼくらがよく言っているような意味での「ＡＲＴ」が出てきたのは、だいたい一九世紀くらいです。もちろんその前の、一八世紀から有名なところではゴヤなどもいました。彼ら自身は政権に反対するような反体制的な思想を持っていましたが、油絵の具を使うということそのものが、今で言うところのＣＧを作るようなたいへんなことでした。だから、当然、お金がかかったわけです。何にでも金がかかるものですが、芸術もまたしかり。そのために彼らは宮廷画家になったりしました。

宮廷がパトロンになってお金を出して芸術作品を作らせていました。まだ、写真がなかったので、宮廷や、ベニスのような商業都市では金持ちたちが、金にあかせて自分たちの肖像画を描かせたりしました。そのほかでは、宗教的な装飾も重要でした。教会であれ何であれ、そこには巨万の富、絶対的な金があったわけです。この金によって芸術家たちはクライアントの望む超絶的な美を作ることを課せられた職能人です。レオナルド・ダ・ヴィンチもそういう場にいました。

美の職能人ですから、当然、現代におけるインターネットのようなメディアを作っていくのも彼らの仕事でした。つまり、かつてはパトロンがいて芸術家がパトロンの夢をかなえるために万事こなしたわけです。ですから、今で言えば広告制作、例えばソフトバンクの「白戸家シリーズ」とかありますよね。ああいうことも芸術家がやっていたのだと思います。

オランダの医療法人が自分たちの肖像画を描かせるためにドラクロアに絵を描かせていましたが、これなど、今ならさしずめ自分の３ＤかＣＧでも作らせていたようなものです。ことほどさように、しかるべきパトロンから金が流れて芸術家が絵を描くということがありました。宗教、権威を持っている人間、もしくは金持ち、その三つが芸術を支配する頂点にいた人たちです。

芸術のための芸術

それが、一九世紀になって印象派の登場のあたりから芸術家が芸術家のために作る芸術があってもいいのではないかというムーブメントがおきました。それから話がややこしくなってきます。

なぜ、こういうことが起きたかというと、ひとつには肖像画の需要がなくなったということもあります。今や肖像画というのは芸術家の仕事としてはほぼありません。ウォーホールがあえて意図的にやりましたが、一般的にはほぼ絶えてない。なぜなら写真が発明されてしまったからです。

さらに宗教的説明画を作らなくてもよいくらい文明が発展してきた。印刷技術そのほかの発展によってみんなが文物、いろいろなものを書いたり読んだりできるようになったので、絵で何でもかんでも森羅万象を絵解きして説明してもらう必要がなくなってきた。

このようなわけで、ARTとは何か、芸術とは何かなどという大きな疑問が生まれてくると同時に、芸術家が自分たちの職業の存在意義を考え、いろいろ理論武装して趣向を凝らす必要が生まれてきました。

もちろんぼく自身も同じように芸術とは何かという大問題以前に芸術家の存在意義に向き合わされています。これだけアートバブルで騒いでいますが、バブルですから、あと一〇年もすれば今のアート業界の金回りのよさというのはなくなると考えるのがまっとうでしょう。

だから、どうしたらいいのか、とぼくもよく考えるわけです。たぶんそういう変革が西欧では一九世紀あたりに来てしまったのでしょう。そうしたムーブメントの中からサロンというものも生まれて、哲学者やら思想家やら芸術家たちが集まって「ああでもない、こうでもない」と口角泡飛ばした議論がパリあたりで起こったわけです。それが、芸術についての話をややこしくしはじめた、そもそもの出発点です。

つまり、芸術家が独立して芸術を作る非常に純粋性の高い、純潔の芸術が誕生してしまったわけですね。しかも、この大きい変革に世界中が熱狂してしまったわけです。

「すばらしい、そんな奇跡のようなことがあっていいものか！」

ところが、西欧は階級社会ですから、この芸術家が芸術家のために作る芸術すら、自分たちのために次の時代の芸術を装飾として買おうという上流階級の魂胆があったわけです。

かつての権力者、宗教的権威、お金持ちが自分たちのために芸術家に作品を作らせるという単純な時代から、芸術家が芸術家のために作った作品を、まさにそのことを理由にお金持ちが自分たちのために買うというややこしい時代に移行したわけです。そのせいで、作品としての価値と金銭的な価格が大きくくずれることになりました。

有名な話ですが、印象派のモネの場合、彼の作品のディーラーはアメリカのボストンに出張販売していました。母国ではあまりにも評判が悪くて売れない。そればかりか、最先端としても認められていなかったのです。上流階級が重んじていたのは別の作家でした。『アマデウス』という映画がありましたが、モーツァルトよりもサリエリの方が当時は人気があって評価されていたわけです。でも今では普通の人はサリエリなんて知りませんよね。画家にもそういう人はいたのです。そして今の美術史ではあまり重要と思われていないということだと思います。

芸術の貧困

芸術の独立というところから話が複雑になりました、芸術が独立してそれ自体の価値を主張しはじめた結果、当然のことながら芸術家はパトロンを失って作品制作をするための資金がなくなってしまったわけです。

最先端技術を駆使した油絵を描くためには、資金が必要です。それで、芸術家たちは資金がないのにこういう最先端技術で自分の欲望のための作品を作る方策をなんとか編み出さなければいけなくなりました。

ゴッホでも、時代は違いますが、モディリアニでもユトリロでも、よせばいいのに資金もないのに最先端技術をやるわけですから、いきおいどうしても貧しくなります。

「貧」（口絵4頁「身分不相応」参照）、それに世界中が惹きつけられたわけです。なぜか。

考えてもみてください。その頃まで世界は貧しかったわけです。一九一七年にロシアが革命によってソビエト連邦になったのだって貧しかったからだし、怒られるかもしれませんが、文化大革命が起きたのも、つまりは貧しかったからだということができます。ようするにこれまでのほとんどの歴史の中で、逃げ場のない「貧」というものが人類の大きな問題だったわけです。

「芸術家のための芸術」という奇跡のようにすばらしい最先端の芸術をやることによってでさえも「貧」からは逃れられない。それなのに、あろうことか「貧」をつきつめるとペギー・グッゲンハイム（Peggy Guggenheim／マックス・エルンストの夫人だったこともある前衛芸術の理解者、パトロンで多くの芸術家を庇護）のようなケタ外れな理解者つまり、パトロンが出てきて芸術家を救済するという話になるわけです。

しかし、これだってよく考えてみれば、背後にはアメリカ経済の勃興というものがあり、そこでまた、話がさらに複雑になるわけです。ぼくもそうでしたが、この辺が整理されないまま現代に至っているので、ただでさえわかりにくい西欧式ＡＲＴが日本人には特別わけがわからないものになりました。

こうした混乱を第二次世界大戦に勝ったイギリスとアメリカが上手く整理して、芸術の覇権をフランスのパリからニューヨークとロンドンに移動させました。戦争に勝つだけではなく同時に文化的な優位も奪取しようと、政治的な文脈も含めて整理整頓したわけです。そのために、ある日突然のようにアメリカから、そしてイギリスからと最新のARTモードが発明され、発信されて来ました。ポップアートが終わるとミニマルアート、もしくはランドスケープアートが出てきます。僕ら日本人は、これらを無条件で受け入れるしかなかった。つまり最新モードはつねに英米からやってきたのです。

ポップアートの時代というのは一九五〇年代から一九六〇年代まで一五、六年くらいあります。基本的にはウォーホールの時代だと考えてくださって結構です。そのあとにミニマルアート、ランドスケープアートと続きます。

だいたいお金の儲かるアートとお金の儲からないアートが波のように交互に繰り返して来る。そういう波を作りながら一九八〇年代の皿をキャンバスにはりつけて有名になったジュリアン・シュナーベル（Julian Schnabel）や映画にもなったジャン＝ミシェル・バスキア（Jean-Michel Basquiat）といったアーティストが出てきた、アートバブルが来ます。この時に日本では、どういうわけか、グラフィックアートとARTが混同されました。これが、また病根を深くしたとぼくは思います。まずここがポイントです。

また、「貧」、「貧しさ」の物語です。最先端の技術を使った芸術でも「貧」になる。でも、ペギー・グッゲンハイムのような人が出てきて助けてくれる。ペギー・グッゲンハイムはこいう「貧」から出てきた結晶のような芸術作品を集めることでみんなからすばらしいと賞賛を受けてしまったわけです。彼女のコレクションは、ヴェネチアのペギー・グッゲンハイム・コレクションにあり、現在は世界各地にあるグッゲンハイム美術館が管理しています。

こういうふうにして、「芸術とは何か」といえば「芸術とは貧である」というコンセプトが、がっちりと日本人の中には組み込まれ、インストールされてしまったわけです。この話が、さっきの日本画の話とも関係してきます。

ゴッホ、貧芸術の象徴

西欧式ARTが日本に輸入されてきた時の混乱についてお話ししました。

今からは信じられないかもしれませんが、批評の神様と言われた小林秀雄はゴッホの絵の複製を見て「すばらしい」と感動したわけです。すごいと思いませんか。

今から、二〇年くらい前フランス現代思想がブームだったころにはそのことを複製芸術と結びつけて論じる人もいました。確かにそれはそうなのかもしれませんが、まずは日本が敗戦国であり圧倒的に貧しかったということを押さえておかないといけない。

『七人の侍』で知られる映画監督の黒澤明もゴッホが大好きでした。つまりゴッホは、戦後日本にとって、貧しさの象徴だったわけです。日本ではゴッホは貧芸術の象徴、ヒーローです。いまだに世界的にゴッホはすごく人気が高い。

では、ゴッホの何が本当によかったかというと、ちょっと疑問ではないかと思う。なぜ、ゴッホが日本で受けたか、どうして時代によって芸術のトレンドが変わってきたのか、それは西欧式ＡＲＴがどうやってゆがんで日本に入ってきたのかということと密接に関係しています。

バブルの時代、日本画は意外としぶとく、金儲けに成功しました。どれくらいだったかといえば、一九八〇年代後半には、故・平山郁夫《ひらやまいくお》先生たちの作品が、現在のジェフ・クーンズ(Jeff Koons)を向こうにはれるくらいの値段がついていました。学校の黒板程度の大きさの絵がだいたい三億円とか四億円くらいの価格だったと思います。しかも、それが実際に、売られたかどうかすらもわからない。

「芸術は貧しいものである」という正義

日本画が金儲けをはじめることができた。それはどうしてかというと、「貧」にも関わっています。「芸術は貧しいものである」。それはゴッホたちによって裏打ちされた正しい道であり、正義なんです。

「芸術は貧しいものである」という正義に加えて、日本人の魂、戦争に負けてズタズタになった日本の精神を救ってくれるのは、日本画という「日本」と名のついた芸術である。そういうことを後ろ盾に、思想的に貧＝芸術＝正義を行う芸術が日本画ということになりました。

小林秀雄は日本画なんて相手にしていません。日本画滅亡論などというものが戦後に出てきて、日本画というのはぜんぜん知識人たちには相手にもされませんでした。けれどなにしろ正義ですから、敗戦国日本の民衆には支持されてしまった。力道山が外国人レスラーを空手チョップでなぎ倒す姿を見て歓喜したのと似たような構造です。

それだけでなく、杉山寧《すぎやまやすし》の長女が三島由紀夫と結婚したり、日本画家はステイタスの象徴でもありました。余談ですが、マンガの神様・手塚治虫が「君はデッサンができていない」と言われて落ち込んだ時期があったという有名なエピソードがありますが、手塚にそう言ったのは日本画の画家だといわれています。

この正義感、「芸術とは何か」「芸術とは貧乏である」「貧乏は正しい」という構造。貧しさということが芸術と癒着してはなれない。だから、金儲けどころか、お金そのものに対する拒否反応がいまだにあるわけです。

でも、先ほども述べたとおり芸術というのは最先端の技術ですから、お金がかかるのが当然です。例えば『アバター』は最先端のCGや3Dを含めて作るのに一九〇億円くらいかかっている。『アバター』は、上手くグローバルな市場を背景に資金を回収して投資家にも返せたし、資本主義構造の中で回転させることができるような大エンターテインメントになりえました。『アバター』も江戸期に日本人がみた油絵と同じショックだったのです。

最初の問いにもどると、なぜ現代芸術の作品は高いのか、という発想そのものに本当に問題はないのかということなんです。

そういう時に、きまって「富」というものを相対化させる装置として「鉛筆やタンポポや朝焼けの方が美しいし、しかも、タダだ」という話が出てきます。

これはどういうことか。つまり、「貧」が正義であるということです。「貧」こそ人間が生きるうえでいちばん重要なポイントではないかということが暗黙の内に前提にされている。たしかに、貧しいということは重要です。しかし、では、富めるというのはどういうことなのか。それだって重要ではないのか。人類は、いままでずっと貧を問題にしていたけれど、富むとは何か、豊かとはいったいどういうことなんだ。第二次世界大戦に敗れた我が国・日本において、「豊かさ」を受け入れられない感覚が、社会構造的にも、そしてぼくたちの精神構造としてもでき上がっているのではないか。

その構造が壊せないために、貧＝正義であるはずの芸術をお金で云々することすら如何なものか、わけのわからん現代美術の作品なんぞに高額のお金が支払われるのはおかしいという話にすぐなるわけです。

日本芸術神話解体

富むことに対する罪悪感がなぜ強固に、はぐくまれているのかというのは日本にとって、いちばん大きい問題です。

ぼくが『芸術起業論』で述べたのはお金持ちになりたいということではなく、芸術をやるにはほかの社会的行為同様にお金がかかるということでした。ぼくがやっている最先端のARTは高度な技術や人間を大量に使って実験をしなくてはいけないからです。

実際、芸術を作るにはお金がかかるわけです。お金がかからないと思っている人もいるかもしれませんが、そう思っている根拠は貧＝正義＝芸術という貧神話にすぎません。

もちろん、ARTにもいろんなジャンルがありますが、最先端のARTにはどうしてもお金がかかる。例えばアインシュタインは紙と鉛筆だけで彼の理論を導き出したといわれています。でも、今、最先端の科学研究にはそれこそ天文学的なお金がかかります。紙と鉛筆だけで最先端の科学実験ができるわけがありません。それをアインシュタインはできたじゃないかといわれても科学者の皆さんも困るでしょう。

しかし、貧と芸術が結びついた社会では、芸術をすることにお金を使うことすらも悪です。

「なぜ、金をかけなければ、芸術ができないのか」

「芸術って、金をかけなくてもできるんじゃなかったの」

「そもそも芸術というのはゴッホのように貧しさの中でこそ光るものじゃないのか」

日本芸術神話の中ではそうなっていたのです。そしていまだにそれが主流です。

ファンの方からは怒られるかもしれませんが、スタジオジブリの宮崎駿さんもそうです。宮崎駿さんは、そもそも左翼的な思想を貫徹して芸術を作っているところがあります。彼には富める者になるとか勝者になるとかいう発想はもともとなかったと思う。けれど、事実として、社会の勝者になって富んでいる。少なくとも敗者でもなければ貧しいともいえない。彼らがこの社会の中で自分たちを演出す

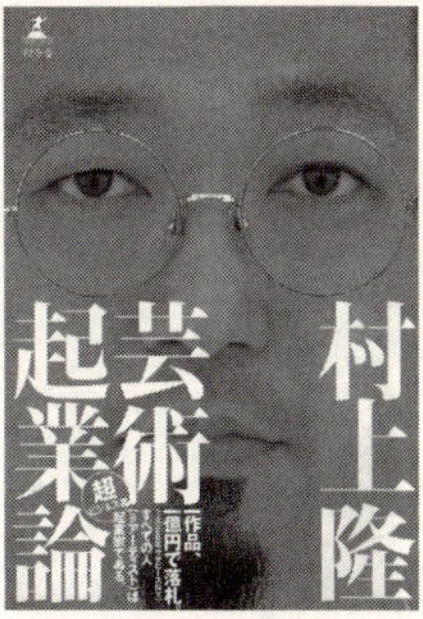

村上隆「芸術起業論」
2006年・幻冬舎刊

る方法はとても洗練されている気がします。

自分たちはぜんぜん富めてはいないけれども、芸術を個々人の力で全部作るのだという演出を繰り返し行っている。そのようにぼくには見えます。それが多くの人に受けている理由のひとつではないでしょうか。これは批判しているのではありません。ぼくは若い頃からの宮崎駿教の信者ですから。少なくともこの社会では金がすべてじゃないという作品を作るためにもお金がかかるし、勝負がすべてではないということさえ勝って言わなければ説得力がない。

こうした貧＝正義に対して、資本主義経済を徹底させることでアートとして成功するという構造というのもあります。アメリカとイギリスがそれを作りました。ほとんど、今、ぼくたちのような西欧式ＡＲＴの芸術家たちが闘っているバトルフィールドというのは資本主義経済です。「豊かさ」ということはどういうことかと格闘している。昔は「貧しさ」と闘っていました。しかし、今、芸術家たちはお金が流入しすぎて無意味化してしまった資本主義経済と自分たち人間はどうやって接すればいいのかを必死に探しています。芸術家の実践として経済構造にまで迫らないではいられない、それは、ゴッホが自分の耳を削いでまで、死ぬまで、自分の芸術の信念を押し通したのとまったく同じです。

ダミアン・ハーストの栄光

二〇〇八年の九月一五日にリーマンショックが起きました。ほぼ同時期にダミアン・ハースト（Damien Hirst）というイギリスのアーティストが、ロンドンのサザビーズで自分のスタジオから直接オークション会社に自分の作品を出して販売しました。彼は、自分の作品がオークション・マーケットでふくらむ、その構造とは何かということに迫ろうとしたわけです。

どうして、ダミアン・ハーストがそんなことをしようとしたか。それをわかってもらうために、まず、今の芸術家の経済構造を説明しましょう。芸術家がいて、画商さんがいて、お客さんがいて、という構造がＡＲＴの世界の定石です。

お客さんは画商からだけ買うわけではなく、いろいろなところから買います。その中のひとつがオークション、もうひとつはセカンダリー。セカンダリーというのはどういうことか。直接、作品が顧客に渡るのをプライマリーといいます。プライマリーマーケットというのは、第一次取引みたいなものです。セカンダリーというのは、一回画商が誰かに売って、その売った作品が別の顧客に渡るのがセカンダリーです。二番目以降という意味でセカンドなのです。そして誰かに売られた作品が、その人がもう一回売りたいといってオープンマーケットに持っていくのがオークションです。

現代ARTの世界ではそれぞれの売り上げの取り分が決まっています。だいたい画商さんと芸術家との比率は五対五。もしくは画商が有利な場合が多い。日本のデパートはだいたい七〇〜八〇パーセント取ります。

だから、最近、日本のデパートではアート作品を売らなくなりました。芸術家があまりデパートにアプローチしないからです。画商がいてお客がいて斡旋するので、画商が五〇パーセントという論理があります。

例えば、ぼくの『ヒロポン』という巨乳の女の子が母乳で縄跳びをしている作品の場合、ぼくが画商さんを通じてお客さんに最初売った時の身入りは、一八〇万円でした。それが、お客さんからオープンマーケットのオークションに行って五八〇〇万円くらいで売れた。計算してみてください。だいたい三二倍くらいです。それは、いったいなぜかと皆思いますよね。ぼくも思います。

なぜ、こんな価格になるのか。話を単純化すると、この作品を欲しいというお客が二人いた場合、二人がどうしても今回この作品を欲しいというとき、オークションでは「はい、あなた、どうですか」「はい、あなたはいいですか」という具合に競り上げていきます。正月

Hiropon, 1997
Oil, acrylic, fiberglass and iron
2235×1040×1220mm
Courtesy Blum & Poe, Los Angeles.

前のマグロみたいなものです。競り上がってしまったら値段は上がる。ただそれだけのことにすぎません。その競り上がった価格が五八〇〇万円です。いまだに誤解している人がいますが、ぼくのところには最初の一八〇〇万円以外は一切お金は入ってきていません。

一九九〇年代以降のアートマーケットはもう少し複雑になっています。このシーンに画商の王様みたいな、ガゴシアン（GAGOSIAN）という画廊が登場しました。ぼくも今、ガゴシアンに所属しています。正確には彼らだけでなくいろいろいますが、彼らがいち早くこの構造に気がついた。この構造では、以前に購入していた誰かとオークション会社しか儲かっていない。おかしいのではないか、というわけです。

それなら、芸術家からお客さんに行く時に五八〇〇万円で売ったらいいのではないか。これが現代のアートの世界のリアリティです。

ぼくらが知っている世界だとバブルの頃、株が高騰したことがありました。その時の株の価格と同じようにこの価格には実体がないわけです。ようするにお客さん二人が欲しくてここまで値段が上がったらそれが作品の値段です。

一方、落札できたお客さんがいれば、落札できなかったお客さんもいるわけです。それを画商が見ていて、五八〇〇万円の金額で降りた人に、同じ作家の作品を五七〇〇万円で買うかと尋ねたとしましょう。その時、そのお客が買うといえば、これで同じ芸術家の作品を買った人が二人出てきたことになります。それをメディアがおもしろおかしく書く。「オークションですごい値段が上がりました、さらに、価格が上がってもまだまだ売れている」というわけです。そうすると次はブームになります。

日本の皆さんは、こと芸術については自分たちが常に、貧しい芸術の味方だと思われているかもしれませんが、皆さんも流行っているものを買ったりすると思います。それと同じで、お金持ちの間にもブームがある。ブームに乗り遅れると恥ずかしいというかカッコ悪かったりする。そういう構造を知らないとどうして高い値段がつくのかわからないということになります。

例えば、歌でも服でもトレンドがある。株の世界でも美人の世界でも何でもトレンドがある。同じように芸術にもトレンドがあるわけです。それだけでなく、いったいどこまで高額になるのかという芸術作品の値段そのものさえも芸術のトレンドにしてきたのが、だいたい一九九〇年代から二〇〇〇年代の現代アートの世界でした。

ダミアン・ハーストがやろうとしたのは、こういうことです。中間業者はもういらないのではないか、最初から芸術家が自分でオークション会社に行って売って作品の値段を高くしたらどうか、オークション会社の取り分は三〇パーセントくらいでいいのではないか。ダミアン・ハーストは、それに挑戦した。まだ、彼一人だけです。なぜかといえば、彼がオークションを行った数日後にリーマンショックが起きて世界経済が沈没したからです。表向きは売れた、売り抜けたと言いはりましたが、諸説入り乱れており、実態はわかりませんが、大成功とはいえなかった。でも、かえって人々の記憶に残ることになったのです。ただ、オークションそのものはもとの中間業者がいる状態に逆戻りしたわけです。

ダミアンは、イギリスという戦争に勝った国の人間です。だから、そんなことはまったく意に介さずあの手この手で作品を作りつづけ、権謀術数の限りをつくしていろんな発言をメディアによって展開していっている。それが、またセンセーショナルな話題となって取り上げられる。彼の芸術家としての挑戦は続いている。私は心から彼のチャレンジをリスペクトします。そして、これが今、現在の状況です。

流通する芸術

では、自分はどうしていたのか。ぼくはダミアンの動きをずっと観察していました。実は、ダミアンと同じようなことをやろうとしていたわけです。つまり直接オークション会社と組んだセールを行って業界の慣習をブレイクスルーしようとしたわけです。彼が先にやったのでもはや意味がないのと世界経済の景気がクラッシュしてしまったので中止しました。

ダミアンはビジネスとして成功したとはいえないかもしれません。なぜなら、そのリーマンショックとからんだオークションで落札されたという作品の大部分が売れなかったというからです。しかし、それでも、いや、それだからこそかえって、芸術家たちは、豊かな社会で生きる人たちが持ってしまったお金というものの実体は何かという、大きな設問に向かって、今、なお、格闘しています。だから、彼は芸術家として一〇〇パーセント正しいアクションを起こしたのです。

もちろん、思想家、経済学者といった、知識人たちも、未来を予測し、抽象的な議論を展開しています。人間の欲望は抽象的な部分だけではなくて、大きい熱病のようなものが本当に渦巻いています。リアルな欲望のもとに生まれた金というものは実践でしか観察できない。その意味においてわれわれアーティストは金の実体探しの冒険につき合わされてしまっている冒険家なわけです。この富める社会において芸術家である以上、この冒険をやめるわけにいかない。

今、ぼくらの芸術の世界は中国、オイルマネー、ロシア、そういった新興国の人たちの生みだす整備されていないお金に翻弄されています。彼らが西欧式の芸術の歴史、ここでぼくが述べたような芸術の歴史を知っているかどうかはわかりません。なぜ芸術を買おうとしているかといえば、自分たちも先進国の仲間入りをしたい、相応の文化的レベルが高い人と思われたいという、日本が明治維新で文明開化した時のような発想にすぎないかもしれない。

ただ、彼らはバブルの時の日本と違います。バブルの頃、我々日本人は本当に何もわかっていなかった。我々は、第二次世界大戦で、国が富むとか、豊かな社会で人間が根本的にどうやって生きていくべきかという哲学を全部潰されました。

だから、先が読めなかった。贋作もつかまされるし、せっかく買った、重要な芸術作品もバブルが崩壊した後、オークションを通じて外国に売らなくてはならなくなってしまった。そのために、日本にあまり良い作品は残っていません。しかし、新興国の彼らは、国家とは何かとか、自分たちが将来立国していこうとする方向性とか、本当に、未来のことまで考えています。だから最良のものを買う。まちがいをおかさないようにアドヴァイザーを雇って、将来、作るべき美術館を想起する。

もちろん、資本主義経済のなかでアートはいちばん利殖をするのに有利だというリアリズムもある。そういう単純な理由も含めて、彼らは日本人のバブル期とはまったく別に、利殖と社会的な上昇の二つが一挙両得で手に入るのだったら、金は余っているのだから使ってよいではないか。そういう理由で、どんどん、芸術作品を買っている。

これが、現在の芸術作品の流通の実情であり、我々がおかれている現状です。

ピカソは天才か？

「芸術は貧しくなくてはならない」ということについてゴッホを代表にして語りました。ゴッホ人気＝貧の物語ではないかという一つの仮説をたてたわけです。

次はピカソをとりあげます。ゴッホが〝貧〟問題だとするとピカソは〝天才〟問題です。ピカソについて、ぼくは『芸術起業論』でピカソは才能がないという発言をしています。実は、最近ぼくの前著『芸術起業論』を勝手に訳した人たちが英語圏で出てきて、話題になっています。

「ピカソは天才ではないと村上隆は言っているらしいが本当か」

たしかにそう言いました。なぜ、ぼくはそういうことを言ったのか。

結局、天才とは何か？　ということになります。

天才とは何かといったら、特にピカソの場合は、いまだにぼくが思うのはブランディングと、あと同時代に、他に彼レベルの作家がいなかったというだけなのではないかということです。ぼくが個人的にアジアの人間として思うのはそういうことです。

例えば、北野武さんも『たけしの誰でもピカソ』という番組をされていますが、これはあきらかにピカソの絵なんか描けますよという、そういう考え方です。ぼくだけでなく、本当はみんなピカソは本当は何者なのかという一つの大きい疑問がある。「天才って何だろう。天才の定義って何？」ということです。

「天才」という言葉が今のような意味で使われだしたのは、近代以降でしょう。天才の定義そのものが新しいわけです。

ぼくの解釈では、天才とは「超越的な表現能力を持った表現者」のことです。これはフットボールプレイヤーでも、イチローのような野球選手でも、そういう表現者だといっていいと思います。

ピカソはなぜ人気があるのか。「他にこのレベルの作家がいなかった」といった時の「このレベル」とは何か。

アーティストというのは「一生をかけて物語を作るエンターテイナー」です。その中でピカソのレベルまで行った人はいない。画風は変わるし、精力が強くてスキャンダルが多い。有名人になるとやはり精神的に結構耐えられないレベルまでプライベートがなくなるわけです。そういう有名人になってからの精神的な圧力に耐えた、というか、そんなのぜんぜん関係ない人だった。実際、耐えられない人がほとんどだと思います。

それに加えて、もちろん、絵が上手い。絵が上手い下手と、よく言いますが、ピカソの絵がどう上手いかというと、単純にいえばデッサン力があるということです。

現代の日本人はみんな結構、絵が上手くなってしまいました、そういう有史以来というような、とんでもないことが今起こっている。日本人は絵が上手い人が多い、それがどうしたと思うかもしれませんが、これは実に困ったことです。中国でもそうで、中国人も絵が上手い人が多い。だから、困っている。

その点において、芸術の概念が崩れたわけです。昔は絵が上手い人が少なかったから絵が上手い人が珍重された。ところが、日本では受験予備校が開発したプログラムやマンガの描き方の解説本の進化で、絵が上手くなった人があふれ、絵が上手い人のインフレが起きてしまった。

絵画の見方というのは、画面の四角から目が離れないというのが大事です。四角から目が離せない。例えば、美人の女の子がいて、胸がすごく大きくて腰が細くて、とか、いろいろなバランスがある。美人を描いた絵の場合だったら、最初に顔に目がいって、胸から局部にかけて視線が移動する。それによって目が離れないということがあります。

もちろん、どんなプロポーションも時代が絶対に反映しています。美人にも歴史的条件がある。その通り。しかしそれとは別に、ある程度、経験則にもとづく理屈もあるわけです。

例えば、マリリン・モンローはどうか。彼女自身のブランディングもあって、マリリン・モンローだから目が離せないということがある。それで、ウォーホールによるモンローの肖像作品が出てきたわけです。しかし、ピカソの絵というのはウォーホールの場合とは違う。ピカソの絵は、技術的に目が離せないようになっているのです。

ぼくは、女の子を見る場合も上から下までビーッとスキャンしますが、絵画を見る時人は、絵をどう見ているかというと、いろいろな説がありますが、専門家も素人もやっぱり絵をスキャンしているんです。壁に絵がかかっていると、だいたい人が絵の前に立って上から下までスキャンする。その時、下手な絵というのはスキャンするとひっかかる。ノイズにひっかかってなかなか絵が見えてこない。

ピカソの絵というのは、あんなにぐちゃぐちゃな絵なのに、模写をすると不思議とそんなにオリジナルと違わない似た絵ができてくるといわれています。

それは、目がスキャンするのに非常にスムーズにいく構造を絵画が持っているからです。かつて、そういう構造、構図とか黄金比率とか、そういうものをいろいろな名画で研究していた人がいました。しかし、そういうものを全部壊しても、それでもなおピカソの絵というのは「見やすい」わけです。これは、すごいことなんです。だから彼の絵は天才的だといわれているわけです。

ピカソ以降

ピカソとかブラックが作ったキュビズムという絵画の表現があります。これもよくいわれるように、ピカソの絵は、ここまでぐちゃぐちゃにしてしまっても、人間は人間に見えるとか、女は女に見える絵画としての強さがあったのです。それは、絵画が独立するという意味で、他の追随を許さないようなすごいことでした。

ピカソ問題とは、結論的にいえば、今ではある程度分析されていて日本の受験予備校などのトレーニングによってみんな絵が上手くなってしまった、ということとつながります。

天才＝絵が上手いということであるならば、絵が上手いということがインフレーションを起こしているので価値が下落している。だから、現代美術では、コンセプトということが非常に重要になってきている。ピカソ以降の時代の始まりです。

「ピカソ以降が現代美術」というのはそういうことです。絵画の実験では、ピカソがやはり直接的な描法、対象、例えば、女なら女がいてそれを画布に描く場合のメッセージ性は、芸術家のための芸術としてはもう完結してしまっていて発展がない。デッドエンド、クライマックスです。

デッドエンドを作ったのですから、その意味では、やはりピカソは天才だったかもしれない。しかし、そうであるだけに、今となっては彼と同じ方向で彼を超える可能性はほとんどない。

そもそも、ぼくがピカソの才能が云々といったのは、ボナールと比較してという文脈でした。ピカソはそんなに好きじゃないという気持ちが働いたかもしれません。ただ、ピカソがデッドエンドを作り、それ以降が現代美術になってきたのは間違いありません。

そこからは、さきほども述べたとおり、芸術と社会との接点がどんどん大きくなって、経済だったり流通だったり、絵を描く理由であったり人種であったり、世界が小さくなったことによる情報社会の到来であったり、芸術家が考えなくてはいけないことが多くなってしまったわけです。

中国のアート

笑った顔がいっぱい画面にいる岳敏君《ユエミンジュン》の作品を、ニュースなどでみたことがある人もいると思います。二〇〇〇年代に大ブームになった中国の芸術、中国の絵というのはだいたい、「多さ」とか、「共産主義」、あと「貧」「自由」「ザ・中国」というようなわかりやすいテーマで、あれこれイラストレーションのように絵画を作っていたので、「やりすぎだ」と中国アートブームの象徴のようにいわれています。

しかし、先ほど述べたようにピカソ以降、絵が上手いよりもコンセプトをどう生成するかがテーマになったのが現代美術です。ウォーホール以降は、さらに、それが顕著になりました。いろいろ形をかえてイラストレーションになったり、さまざまな変化がみられます。

そういう状況説明をしなさい、そうしたら受けますよということが西洋のアートシーンでしきりと行われたので、中国の人たちは「なんだ、それでいいのか、それが現代美術だったらやってみよう」ということで、日本の象徴的なアートマインドなどもっていないので、賢くやったわけです。日本は、落ちこぼれが芸術家になるのに、中国ではエリートが芸術家になっている。彼らは頭が良くてチャンスを理解して、ビジネスにもなるならビジネスもやりたいわけです。

艾未《アイウエイ》　未《ウエイ》という北京オリンピックの「鳥の巣」（北京国家体育場）をデザインしたアーティストがいますが、彼は西欧式のARTで大成功をおさめた後、本当に自分の中国人としての芸術家人生はこれで良いのかということを問いかけて、中国の政治、圧政、共産主義とは何かということに挑んで、中国政府と問題を起こしています。襲われて頭蓋骨と脳の間に挫傷が原因の大量出血があり、ドイツで手術したりしているというニュースがありましたが、今もツイッターでメッセージを毎日のように流しています。

けれど、艾未未も評判が悪かった時は「ザ・中国」というのを売り物にした、といわれていました。どういうことか。つまり、中国というのは世界でいちばん大きい共産主義国家で資本主義とは一線を画していました。それが突然のように、資本主義と合体してハイブリッドの修正資本主義か修正共産主義か、何と呼んだらいいかわけのわからないものを国家の中で生成しはじめた。

なぜ、そういうことが起きたのか誰もが関心があったわけです。それなのに、どんな知識人に聞いても返事がかえってくることはありませんでした。きっと、言えないことがあったからだと思います。それを絵解きし図説したものが、中国のアートだったのではないか。皆、中国のアートから自分たちのわからないと思っている中国のことがつかめるのではないか、と考えた、それで熱狂したのではないか。これがぼくの仮説です。

思い出して欲しいのですが、ぼくは西洋の絵画の歴史のところでみんな文明化して宗教画のように絵解きしなくてもよくなった、だから絵画の地位が変化したということを述べました。それとちょうど逆のことが中国アートの急速な流行については当てはまるわけです。ですから、共産主義ということが以前ほどクローズアップされなくなり、資本家としての中国の企業であったり国家であったりというのが明確になってきた今は、中国現代美術の大ブームは沈静化しました。なぜかというとわけがわかってきたので、ミステリーがなくなってしまったわけです。

だから、今、中国ということを前面に押し出すと「なるほど、資本主義の次の形をやりたいのね」とか「レアアースも持ち、アフリカから物資を買って、富める国になる、先進国の仲間入りをする一つのプロセスなのか」「アメリカにかわる超大国の座をねらっているのか」とか、そういう風に受けとめられてしまう。いってみれば、日本の洋画みたいなものになり下がっている。

しかし、それは、ぼくと同じ年くらいのアーティストの既に世に出たアートにおける評価です。それよりも若い三〇歳くらいのアーティストが出てきていて、彼らのやっていることというのは、もっとコンセプチュアルでわけのわからないものです。これからそういう世代のアーティストが出てくると中国のアートシーンの評価もまた変わってくるでしょう。ここ、一五年くらい巻き起こっていたムーブメントはこういう構造だと思います。

ARTのルール

ぼくがいうところの西欧のARTのルールとは何か。若いころのぼく自身も切実にそれを知りたいと思っていました。ここではぼくなりの考えを述べる前に、遠回りのようですが、ぼくがデビューした頃の話からはじめます。

ぼくが自分でアーティストになったと思ったのは、一九九〇年くらいに日本の東京の銀座でデビューした時です。美術評論家の椹木野衣《さわらぎのい》さんに文章を書いてもらい、最初からブランディングを考えてデビューしました。二、三回展覧会をやるうちに、権威ある月刊誌『美術手帖』で自分の同世代の人たちと鼎談（『美術手帖』一九九二年三月号「ポップ／ネオポップ」特集／〈座談会〉／中原浩大＋村上隆＋ヤノベケンジ）したりしました。

当時の日本のアートシーンのトレンドは二年落ちの米国のアートをまねる、もしくは、逆に米国のアートに明らかに反対表明をするというものでした。ぼくの作品は反対表明をしているドイツの作家でハンス・ハーケ（Hans Haacke）という人の考え方を下敷きにしていました。

つまり、反資本主義的な、ようするに先ほど説明した「富」「豊」に対して「貧」に正義があるという作法にのっとりながら、しかし、きちんと米国のアートのルールもわかっている、少なくともそのフリをするというのが当時の日本の芸大芸術シーンでは流行っていました。だから、それをちょっとひねるような形にしたのですが、とてもよろこばれたわけです。

Polyrhythm, 1991
ポリリズム
Synthetic resin, iron, plastic Tamiya
1/35 scale, U.S. infantry models
(West European Theater)
2340×360×125mm

Randoseru Project, 1991

Children's backpacks in
various animal skins
300×230×200mm
Courtesy Shiraishi Contemporary Art, Inc., Tokyo.

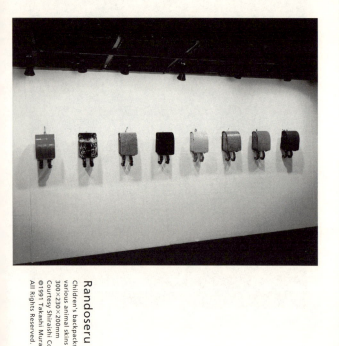

ところが、そうやってデビューできてしまったことに対して、自分でも少し申し訳ない、自分自身でもちょっと恥ずかしいと思いました。こんなに簡単にデビューできてしまっていいのだろうか。芸大でやっていた日本画を捨てて、本当の芸術をやろうとしたのに、自分が考えていたのはこういうことだったのだろうか。

そう思いながら、タミヤのプラモデルの兵隊がいてバブル経済の時にいっぱいできてきた合成樹脂の塊の上に兵隊が乗っている作品を作りました。『ポリリズム』。

日本は戦争していないので平和ボケしている、でもアメリカの軍事力の影響下において平和の惰眠をむさぼっています、という自画像みたいなものを描けばいいのではないかと考えたわけです。

これは受けました。それで今度は、日本の子供たちがランドセルを背負っている、この可愛さの象徴みたいなものも実は軍国主義の歴史の中にあるのではないかと思えてきて、そういう作品も作りました。『ランドセル・プロジェクト』。つまり、ぼくは戦争を裏テーマに作品作りをしていたわけです。

その次は、当時『ちびくろサンボ』が大阪の人権擁護団体の抗議によって絶版になるという事件があって、タブーに挑戦するということもやってみようと考えました。ある種、無邪気な勘違いが人種差別につながっていってしまうようなところに我々の文化は成立している、

And Then, And Then
And Then And Then
And Then (Blue), 1994
そして、そしてそしてそしてそして・青
Acrylic on canvas mounted on board
2805×3000×75mm (2panels)
Courtesy Shiraishi Contemporary Art Inc.

ということをテーマにした作品も作りました。それも認められました。

ところが、このあたりで、自分自身に何か大きい疑問が出てきて、「こんなものがアートなわけがないだろう」と思いはじめました。

日本の芸術のムーブメントでいちばん自分が信じられるものは何か。そして、赤塚不二夫がマンガ家としていちばん盛り上がった時に八ミリフィルムを作ったり、タモリをデビューさせるようなことをしていた、そうしたサブカルの文化的な活動がすごく重要なのではないかと思いました。それで日本のアイコンを作ろうと考えました。日本のアイコンは何だろう。

そういうテーマに向かって作りあげたのがDOB君というキャラクターでした。

ちょうどドラえもんとかセガの『ソニック・ザ・ヘッジホッグ』とか、当時日本のマンガやゲームが、ようやく日本国以外でデビューしてきた時期とも重なり、戦略的ではなくて日本のアイコンというものがドメスティックなところから出てきている。これを自分なりに芸術にしようと思って、DOB君をデビューさせました。

ところが、このあたりから日本では受けなくなってきたわけです。ようするに、タブーに挑戦し、反社会的で、日本を否定する作品を作っていた時は日本のアートシーンでは非常に受けていたのですが、日本の文化にも良いところがあるのではないかということを主張しは

Jeff Koons
Michael Jackson and Bubbles
1988
porcelain
42×70 1/2×32 1/2 inches
106.7×179.1×82.6 cm
Edition Ed 1/3
Photo : Laurent Lecat

Felix Gonzalez-Torres
"Untitled" (Golden), 1995
Strands of beads and hanging device
Dimensions vary with installation
Installation view of Felix Gonzalez-Torres:
2 Installationen at Neue Gesellschaft fr Bildende
Kunst (NGBK), Berlin, 1996.
Photo: Thorsten Monschein
The Felix Gonzalez-Torres Foundation
Courtesy of Andrea Rosen Gallery, New York.

じめた途端に、否定されはじめたわけです。

それならばと、自分のことは棚にあげて、日本のアートシーンに未来はないと思い、そもそも自分が眺めていたアートシーンはアメリカなのだからという理由で、アメリカに行きました。

DOB君をデビューさせて日本で受けなくなってアメリカに行った。その頃、ジェフ・クーンズの陶器で作られた『マイケル・ジャクソン・アンド・バブルス』とか、ドイツ人のアンゼルム・キーファーの巨大な『鉛の本棚』であるとか、キューバ人のフェリックス・ゴンザレス＝トレスの部屋中がビーズでカーテンみたいになっているものが流行っていました。

なぜそれらが評価されるのかということを自分なりに研究しました。すると、実はぼくが日本でやっていたのと同じように、「国とは何か」を当時の現代芸術は大きなテーマにしているのではないかということに思いいたったのです。

アメリカ人であるジェフ・クーンズはアメリカのポップスターの象徴である黒人のマイケル・ジャクソンを白人にした陶器の作品を作り、ドイツ人のアンゼルム・キーファー（Anselm Kiefer）はナチスドイツのころの悲劇的な英雄志向みたいなものをカリカチャアライズするために英雄的な絵画を作っている。キューバ人のフェリックス・ゴンザレス＝トレス（Felix Gonzalez-Torres）はキューバという共産主義でありながらしかし陽気な国の文化で、貧しくても華やかでハッピーな感覚、でもその裏側に貧しさの象徴があるのではないか、いってしまえば日本のスナックとかゲイバーにも通じるようなビーズで作られたカーテンを作っている。

彼らが作っているのはそういうとても自己言及的な作品ばかりなわけです。今となってはもう死語ですが、つまりはグローバリズムとローカリズム、それがテーマだったわけです。

言葉なんか待っていられない

自分が日本でやっているのは、本格的なアートではなくただのトレンドにすぎないのではないか。そう思って、アメリカのアートシーンに行ったら、そこにもトレンドがあった。それではそれは本当に意味のない表面的なトレンドなのか、それともそこには本質的な芸術の何か大事な部分があるのか、それがぼくの当時、いちばん知りたかったことです。

考えてばかりいても仕方がないので、実際に自分でも日本の自画像を作ってみようと、それでフィギュアの作品を作りはじめたのです。ローカリズムの象徴として、日本国を象徴するものは実はロリコンであったり、メイドの服のようなものを愛するちょっと恥ずかしいようなセクシュアリティではないのか。

　つまり、ローカリズムをやろうとしてぼくはフィギュアを作ることを発案し、とりあえずこれでブレイクしました。望まれていたのにそういう形で日本人や日本を表現してくれる日本人アーティストがいなかったからだと分析したからです。

　二〇〇九年にある評論家に他国民を騙しているエセアーティストだと朝日新聞で書かれました。なぜそういうことを書かれるかというと「トレンドに乗って何が楽しいの、それは本質論じゃないでしょう」というのが、彼らがぼくのことを嫌う理由のようです。

　それはかつてぼく自身が抱いた疑問でもあったわけです。だから、ぼくは実践して試してみました。その結果、トレンドの中にも芸術の本当に大事なものを見つけることは可能だ、というのが今の時点のぼくの考えです。

　しかも、現在では、このトレンドに関わるのがマーケットであり、マーケットに絡んで美術館がある。美術館は今やアートシーンの権威そのもの。権威であり、ゴールでもある。いわば、権威＋墓場です。ここに入れば安眠できる。それを無視して本質論がどうというなら実証してくれるのでなければ説得力がありません。

　マーケットには先ほど述べた画商さんであるとか、資産家、アドバイザー、キュレイターとか美術館とか魑魅魍魎がプレイヤーとしていっぱいいます。ＡＲＴのルールとは何かという最初の問いに戻れば、このプレイヤーたちの望むもの、それがルールです。

したがって、このルールは変動します、固定的なものではありません。そして、このプレイヤーたちも常に変動する。今、プレイヤーでいちばん力があるのはアドバイザーという人間です。画商でもなければキュレイターでもなければ美術館でもなければ金持ちでもない。アドバイザーが今いちばんプレイヤーとして力をもっている。これらのプレイヤーがルールを作っているわけです。それが、ぼくがARTのルールを説明しようとしても上手くいかない、なにか違うなと思う原因でした。

なんだ、そんなことと思われるかもしれませんが、これこそが本質的なことです。ぼくがルールを知ってその中で正々堂々と戦い、そして実効的にルールを変えていかなければいけないといっているのはそのためです。

ですから、ルールの中で作品を作ってそれが歴史に残るかどうかというのは、これはもう本当に運としかいいようがないというのが最近のぼくの答えです。それ以上どうしても踏み込めないところまできてしまいました。

トレンドは説明できる。マスターピースは時代背景から説明することは可能。だが、今、現在を説明することはできない。まして未来を創造するには実践するしかない。だから、行動するしかないのです。ぼくら芸術家は言葉なんか待っていられない。

自由な不自由

こんなことばかりいうので、ぼくは敵にしないでいい人まで敵にしています。日本の美術大学の先生、美術専門学校の先生を敵に回している。ぼくが先生たちは学生をきちんと教育していないではないか、怠慢ではないかといっているからです。

しかし、実は、それだけでもなさそうだという気が今はしてきています。ぼく自身も、さまざまな機会を捉えて、ぼくの理論を立証する根拠を探してきました。売り出し中のアーティストやうちのカイカイキキの若い社員、若い子たち、思想家で作家の東浩紀さんのムーブメント、社会学者の宮台真司さんの本を読んで、現代の日本人の持っている宿痾《しゅくあ》が見えてきました。

いってみれば戦後の日本人は、首輪をつけられないで育てられてしまった犬のようなものです。「自由」という名の野良犬が我々です（次ページ下図）。だから、社会という首輪をはめられてしまったらつらくて仕方がない。日本社会は今、国家として成立していないわけです。みんな首輪をはめられるよりは野良を選んでいる。首輪をはめられるよりは野良でいいというわけです。

ぼくは美大の先生たちを糾弾するみたいなことを言いましたが、実は先生たちの言い分の方が生徒たちには受け入れやすいはずです。なぜなら、ぼくはルールという首輪をつけないと社会とつながらないよ、ルールを身につけると社会に出ることができるよ、そういう種類の自由があるよ、という話をしているのに、美大の先生たちは学生に社会とつながらなくてよいといっているからです。

首輪というとネガティブに感じるかもしれません。けれど、これをルールと考えたらどうでしょうか。日本は世界の中にあるのです。ハイブロウアート対日本で考えると、日本の中だけで野良犬をやって、それで自由だといっても仕方がないのではないか。むしろ世界のルールを拒絶することで、社会とつながる自由、世界に出て行く自由、世界のアートシーンで活躍する自由を失っているのではないか。それがぼくの言いたいことです。

「自由」という名の野良犬

アーティストは行動する

ぼくが海外で評価されるのは、ビジネスで成功しているからではなくてアートシーンにおいてやらなければならないことをしているからです。それは例えば二〇年前くらいだったら、フランスの哲学とリンクして、現代を言葉で切り裂いていくことだったかもしれない。でも、今は違う。行動するのが現代のアーティストです。宮崎駿さんも、美術館を作る、保育園を作る、アニメーター養成所も作る、作品も作る、原画展もやる。すごい行動力です。

芸術の本質は人間の欲望と触れなくてはいけないという意味で、資本主義という、世の中にはびこる怪物と接しなければいけない。でも、その中に生きる人間、プレイヤーたちの望むものをやっていくのが芸術であるという回路がそこにはある。では、ルール次第で、どんなものでも芸術になるかといえば、芸術の定義、設定する場所いかんによって芸術になったりならなかったりします。

「AKB48は芸術か」という問いがあったとしましょう。AKB48の活動すべてを見て芸術とはいえないかもしれません。しかし、AKB48の成立する仕組み、ルールを理解し、新人だった女の子が必死にパフォーマンスをし、そしてあるコンサートでは、素人に毛の生えたような頃とは見違えるようなとてもすばらしい歌声を披露したら、「おお、これは芸術的である」と言えるでしょう。それはルールと状況とファンたちが造り上げる脳内コンテクストの中での話です。サッカーでもコンサートでも、これは本当に天才的なトリックプレイだと、今日は本当にすごかったという時、人間があるフォーマットの中でプレイする時に出てくる表現域が期待値を超えた時、それは芸術的な表現であると、言うことができると思います。

しかし、そうした瞬間を持つものである以上、あらゆるゲームは、芸術として成りたつのかどうかという設問にはＹＥＳというしかないのではないか。つまり、あらゆるジャンルにおいて芸術というのは成り立つとぼくは思っています。

歴史はどう学ぶか

では、「具体的にはどうやって歴史を学ぶか」を最後に述べてこの章を終わります。

ぼくは、よくこう言っています。若手の芸術家や芸術家志望の人、特に日本の芸術家が勉強する場合、第二次世界大戦少し前くらいから現代までを徹底的に勉強すれば良い。そこにあらわれているフォーマットによって戦争と芸術、戦争と国家、国家が成熟するあり方がほぼわかる。だから、第二次世界大戦をはさんだ頃からの芸術史を学べば、他の時代にも応用できます。全部の歴史を網羅することができないので、限られた短い期間の学習を徹底するとすればこの方法がよいでしょう。

ぼくが皆さんに言える限りの状況と歴史についての説明は以上です。次章では具体的に絵画を例にあげて、どうやってこの難しいといわれる現代美術を鑑賞したらよいか、そして芸術家になれるのかを述べていきます。

第二章　鑑賞編

マンガが日本人にとって芸術なのです。だから、現代美術なんか必要ない。でも、本当にそうなのか。

どうして、芸術家になるための本で鑑賞についての章があるのか。それは、制作者には鑑賞者が必要で、その鑑賞するポイントがわからずに制作してもメッセージの届け場所がわからないだろう、ということなのです。芸術は難しい、特に現代芸術はわからないということになっています。いったい、なぜ、こんなに難しい、と言われているのか。

この本を読んでいる方の中にも日本の美術館に行かれて、キャンバスに何かぺらぺら色を塗っているだけなのに、それを芸術としてありがたく見ることはもってのほかで、そんなものは詐欺だと思っている方がいらっしゃるかもしれません。では、どうやったら理解できるのか、絵画とは何なのかという話です。

そもそもは絵を描くためにどうしたらよいか。実践的なプログラムについていろいろと話し合っていくうちに「構図って何ですか」「構図が何かわかりません」と言われて、「ああ、構図ってわからない人がいるんだ」と、まずそれがぼくにとっては驚きでした。ぼくには構図がわからないということがわからなかったわけです。逆に構図をわかってもらえれば、それをきっかけに絵画とは何か、芸術そのものについても理解が深まるのではないか、そう考えました。

だから、そもそもは芸術家になるために現代芸術を理解するというところから出発した実践的な鑑賞編です。この章は、芸術家になりたいという人だけでなく、現代芸術って難しいとか、詐欺じゃないかと思っているという方に是非読んで欲しいです。

『現役美大生の現代美術展』という実践

本題に入る前に、ぼくらのカイカイキキギャラリー、東京都港区元麻布の地下にあるギャラリーで行った『現役美大生の現代美術展』について、どうしてこういう企画をしようと思ったのか、これはどういう企画なのかということを少し述べてみたいと思います。ぼくはこの現代美術の世界に入って二〇年くらいになりますが、いろいろ思うとこ

現役美大生の現代美術展
2010年7月8日～7月19日　Kaikai Kiki Gallery／Hidari Zingaro

ろがあります。その一つとして、日本の美大教育というのがどうにも良くないのではないかという仮説に至りました。

そういう思いが根底にあるので、ぼくが主宰しているカイカイキキという会社では美大出身者をほとんど採用していません。理由は簡単で、美大出身者は美大教育で歪んでおり「米英型現代美術仕様」には変換不可能だからです。ずっとそういう状況でプロデュースしてきました。

美大に行っていることが悪いのではなくて、もしかしたら美大に入ってから起こるなにか化学変化のような教育によっておかしくされてしまうものがあるのではないか。だとすれば、美大教育を受ける前に、構図法、テーマの見つけ方、個性の作り方を予備校で学んだのと同じようなフォーマットで、傾向と対策に従って身につけた方が、プロのアーティストになりやすいのではないか。そんな思いが一昨年くらいから強くなってきました。

そして、予備校の先生といろいろ話して、大学に入ったばかりの美大の教育にあまり影響を受けていないような学生を、予備校の先生とぼくが協力して現代美術家にできる傾向と対策にそって教育していったらどうか。そんな実験的な展覧会が二〇一〇年七月に行った『現役美大生の現代美術展』です。現代美術作家になるというテーマの展覧会に、全部で二〇人くらいの方たちが参加してくれました。

現状での「傾向と対策」を、ぼくは持っています。ただ、ぼくはせっかちで教えるのが上手くないので、予備校の先生にぼくの知っているアイデアを全部話し、それを上手く彼らにインストールするとおもしろい効果を生むのではないか、というわけです。

　学生たちの話を聞いて思いだしたのですが、実はぼくの在籍した芸大の日本画科はずっと傾向と対策を教えてくれていました。どうしたらプロの日本画家になれるか。その時代にいる数人のコレクターに合わせるとか、こういう作品は売れるのではないかとか、こういう評論家に受けるといいですよとか、それが日本画というジャンルの傾向と対策でした。

　しかし、バブル崩壊の瞬間に全部が倒壊した、ずどんと底がぬけた。だから、大学はこれまでのやり方を危惧しすぎているのではないでしょうか。

　学生たちは、大学は洗脳の場所と言っていましたが、ぼく自身は洗脳と教育はどう違うかわかりません。だから、ぼくは教育者になっていないのです。ただ単に今、行われている芸術教育、特に美大教育の解除ときちんとした再教育が目的です。

洗脳解除

　ぼく自身は洗脳という言葉は使いません。修行という言葉は最近会社の中ではよく使っています。会社の中で働いている人も曲がりなりにも美大とかクリエイティブな学校に行って、もの作りにたずさわりたいといってきたのだったらある程度修行しないといけない。その修行とは、実は、鍛錬とか、繰り返し繰り返し無意味なことをやってその中で、無意味の中から意味を発見するということがもの作りの最初の第一歩なのではないか。

しかし、そういうことを実際にやらせるとだいたいみんな二年弱で会社をやめていきます。会社のミッションは会社のミッションであって、なりたいと思っている一人ひとり、クリエイター個々人のミッションではありませんから、やめていくのは道理かもしれない。

けれどうちを出て行ってデビューできているかということも疑問です。それで、彼ら現役美大生に目をつけたわけです。ぼくが思うのはマンガがこれだけ隆盛を極め、美術系の予備校や大学も人口比率では世界でいちばんなのに、なぜ、インターナショナルサーキットでアーティストがまったく出ていかないのか。

ゴルフの石川遼とか宮里藍とか家族ぐるみで幼少の頃から訓練していますよね。あれは傾向と対策にそって鍛錬を続けているのではないか。決して、自由にやりなさい、自由にやって、内側から自然に出てくる何かを見つめろということをやっていないでしょう。むしろ芝目をこう見ろとか上空の風を見ろとか、海辺では海風が朝と夕方と夜では違うとか、細かいデータを全部教えて、勝負に臨むわけです。

アートでも同じことができないか、そう思って、『現役美大生の現代美術展』という予備校の先生とのコラボレーションを行いました。先に述べたように、ぼくはゴルフでいうと全英オープンとか全米オープンで一〇位くらいで、たまに優勝に絡むぐらいの力のある選手です。だから、実際にコースに出るとどういうムードで心構えはこうだとか、芝目はこういうふうになっているから気をつけろとか、日本のラウンドとぜんぜん違うということは教えることができる。現役美大生たちは「我々は、打ちっぱなしにはよく行くんですが、ゴルフ場の芝を踏んだことがない」「芝はどういう感触かもわからないのにどういう風に打ったらいいんですか」と聞くことすらできないというんですね。多くの美大生とか予備校生、アーティストになりたい人が「芝ってどんなものなんだろう」という疑問を抱いていました。

同時に「村上さんが実際に芝にあがるまでやったことが今の我々がそのままやって通じるとは思えない」とか「村上さんの成功は村上さんのもので、我々の成功はまったく違うものではないか」という声もありました。

芸術は難しい？

第二次世界大戦が終わった後、芸術の中心地がパリからニューヨークに移ったあたりが現代美術揺籃期と定義します。日本では、現代美術は難しいと思う人が多く、ましてやその内容なんてほとんど知らない。ぼくの感覚からいっても、そうです。ぼくが世界中でいろいろ展覧会をやってきても、まったくリアクションが違う。特別日本のリアクションはテンションが低い。アジアの中でも日本ではまったくダメです。

長い間、なぜだかよくわかりませんでしたが、ようやくわかりました。それは日本にはマンガがあるからです。結局、答えはその一点に尽きます。

つまりマンガが日本人にとって芸術なのです。だから、現代美術なんか必要ないというのがぼくのこの問題に対する答えです。

現代美術を学んだ美大生は日本では毎年一万人輩出されています。一万人の人が毎年出ているにもかかわらず、現代美術のアートサーキットで活躍しているぼくより若いアーティストは全部で二〇人もいないでしょう。それも、第一線級というのはほとんどいません。Bクラスぐらいで二〇人。もちろん、国内の日本の現代美術、美術館で活動しているのは二〇〇〇人くらいいると思います。しかし、その人たちが現代美術作家かというのは微妙な問題です。

もちろん何をもって現代美術作家とするかというのは定義の問題ですから、さっきゴルフの話をしましたがゴルフでいう全英オープンに出ることができる世界ランキングのゴルファーとレッスンプロが違っているように、世界で通用する現代美術作家とドメスティックな現代美術作家はまったく意味が違う。

美大生たちは「ラウンドに出たことがない」と言っていましたが、最近では、ラウンドそのものを自分たちで作っている。それでいいではないかというムーブメントも出てきたので、その意味ではぼくらの頃とは違うというのはその通りです。例えば、ニュージーランドとかオーストラリアに行くと、英国式フットボールとは別にもっと新しいルールを確立して別のフットボールを盛り上げているという動きもあります。だから、日本式の現代美術というものができて、それがみんなで楽しめてある一定のマジョリティを獲得できれば、それはそれでジャンルとして確立するから問題ないともいえる。

しかし、依然として積極的に現代美術を勉強しようとしている人たちもいて、現代美術の世界の芝目がよくわからないという方もいる。そこに集中して実際に作品をあげながら鑑賞編をはじめたいと思います。

現代美術の最先端

まず、いきなり、最先端から行きましょう。ルドルフ・スティンゲル（Rudolf Stingel）、

作品 1

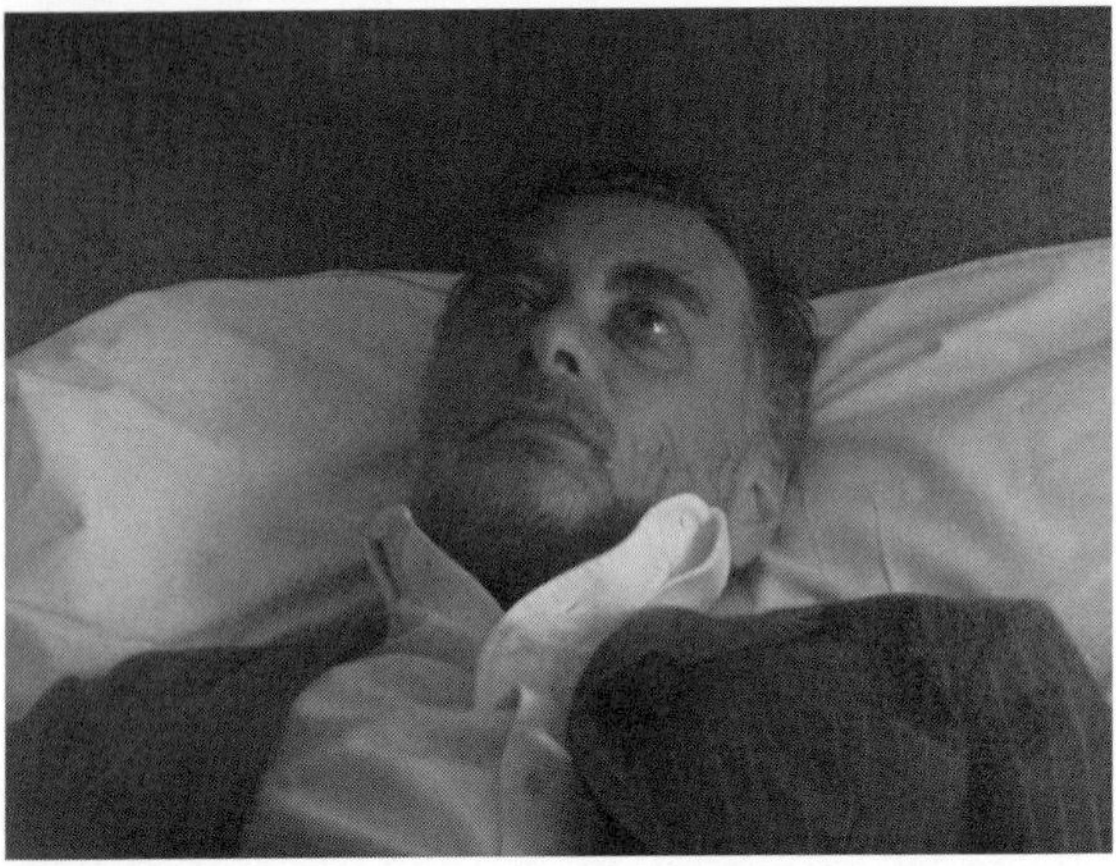

作品 2

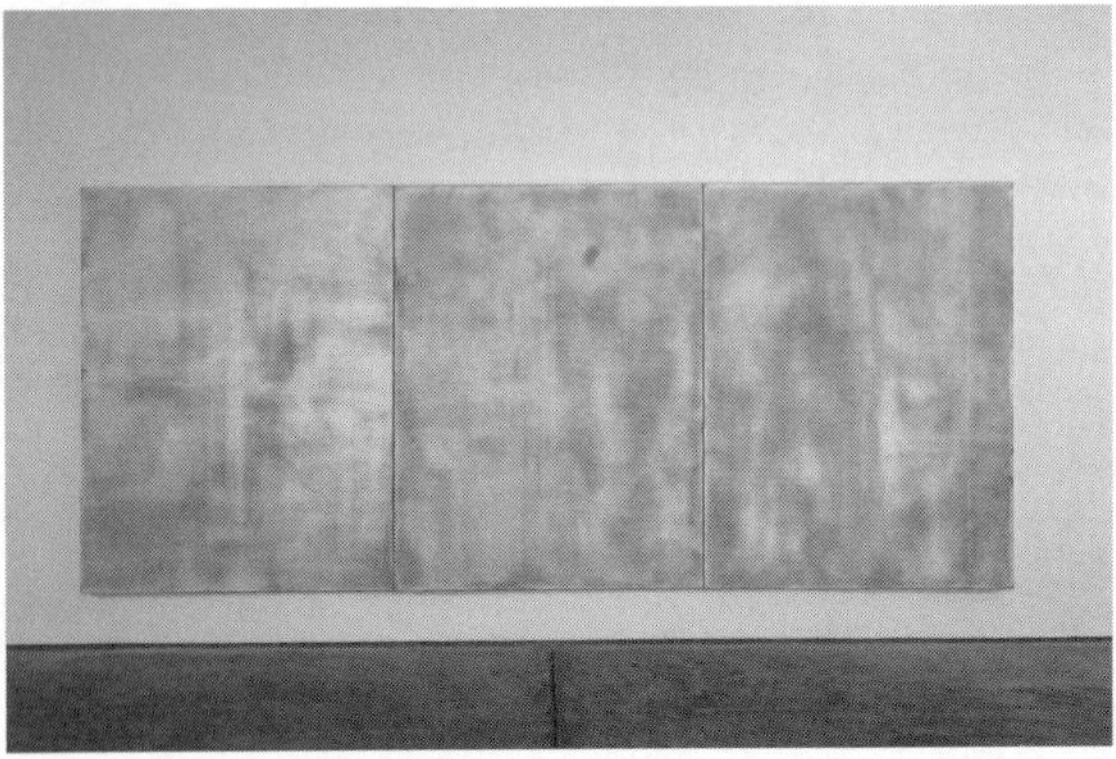

作品 3

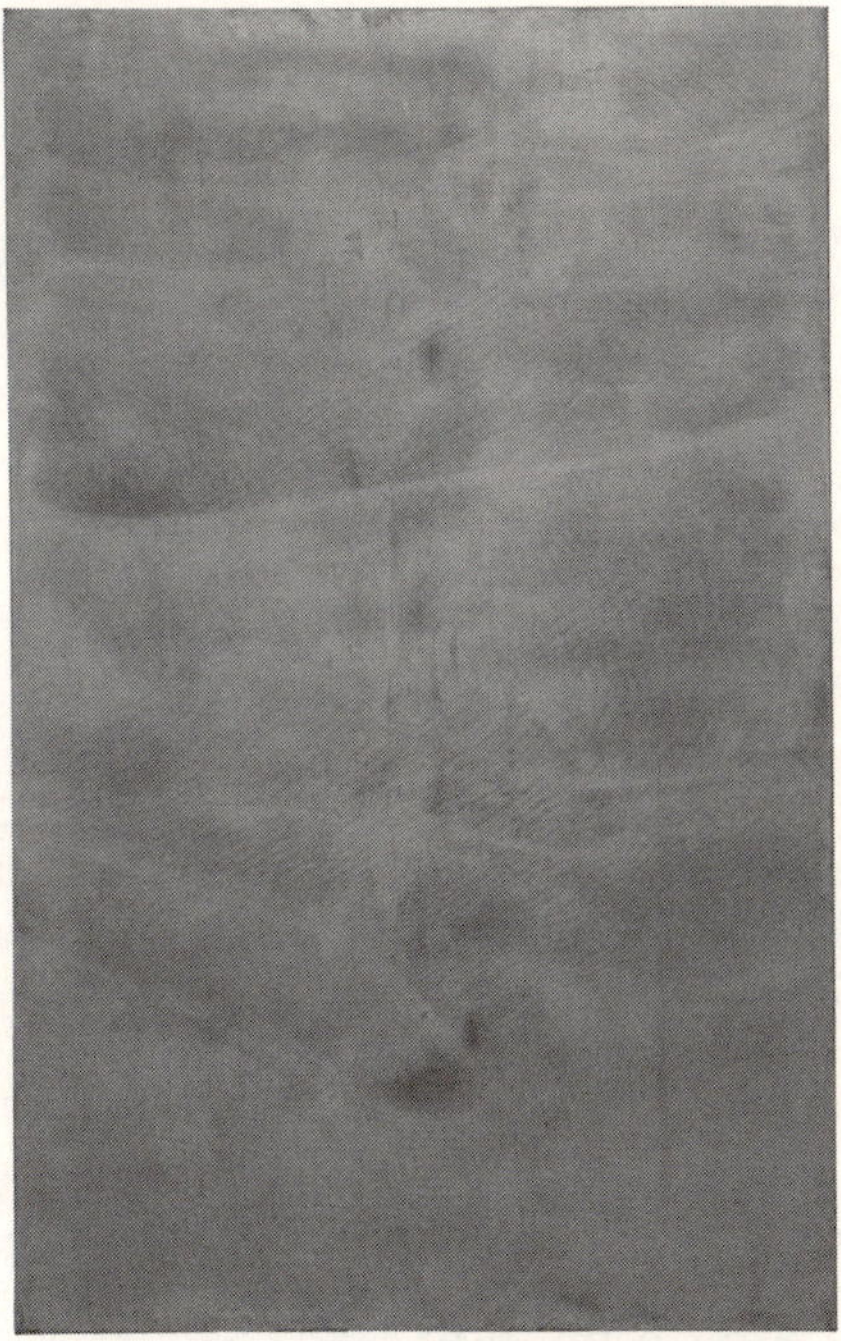

Rudolf Stingel

作品1
Untitled, 1989
Oil and enamel on canvas
70 9/10×106 1/3 inches (180×270cm)
Courtesy of the artist.

作品2
Untitled, 1987
Oil and enamel on canvas
3 panels, each 78×62 inches (198.1×157.5cm);
overall 78×186 inches (198.1×472.44cm)
Courtesy of the artist and Paula Cooper Gallery.

作品3
Untitled, 2006
Oil on canvas
132×180inches (335.3×457.2cm)
Courtesy of the artist.

作品 4

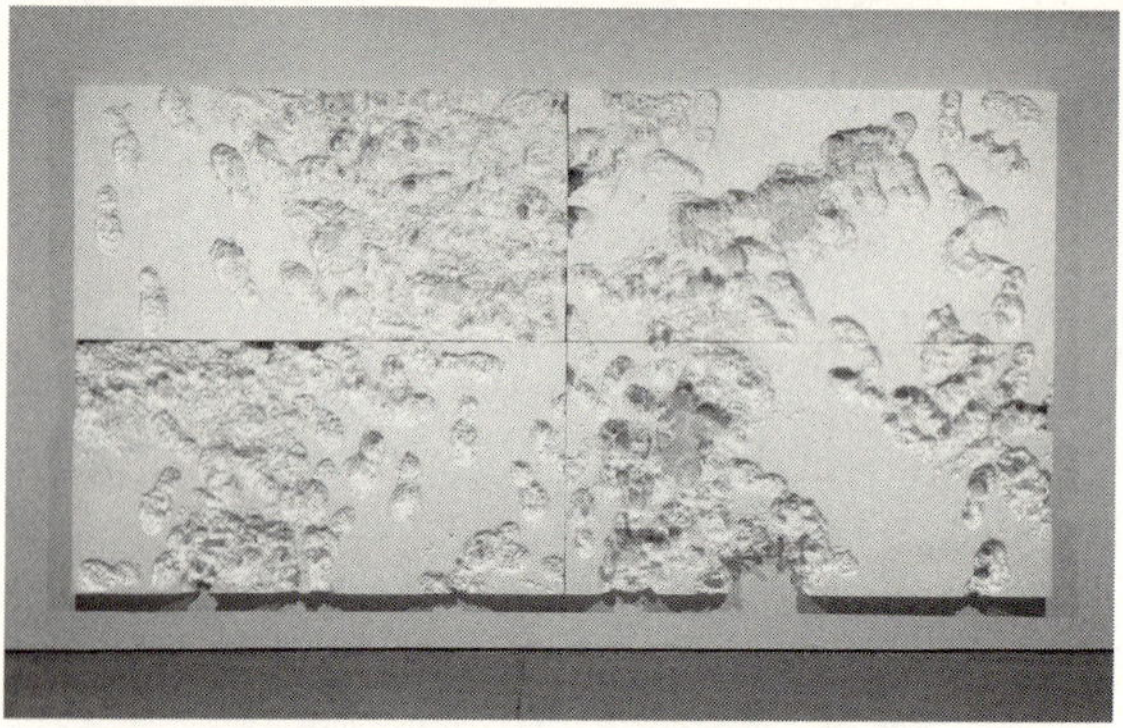

作品5

イタリア人。彼の作品を解説していくことで、今の現代美術の最先端、もしくはその見方を説明します。

作品1を見てください。セルフポートレートをわざわざ油絵で描いていますが、だいたい縦一メートル八〇センチ、横二メートル七〇センチくらいの大きな作品です。写真みたいに見えますが油絵です。大きな作品なので近くに行くと筆のタッチがごつごつしているのがわかります。

もちろん描くときはスライド・プロジェクターで写真をキャンバスに映してアシスタントと一緒にこつこつ描いていっていると思います。これは、彼の最新作です。たぶん自己のアイデンティティをわかりやすくイラストレーション化するという作品でしょう。

さらに彼の代表的な作品を見ながらこれは何だということを説明したいと思います。

作品2はキャンバスに横が五メートルくらい、縦二メートルくらい、黒い地にローラーみたいなもので銀色をずる

作品4
Untitled, 2000
Styrofoam
4 elements, each 48×96 inches (122×244×10cm)
Overall 96×192×4inches (244×488×10cm)
Courtesy of the artist.

作品5
Installation view: Where Are We Going
Palazzo Grassi, Venice, 2006
Photo by Santi Caleca
Courtesy of the artist.

ずる塗っただけの作品です。作品3もそうですね。

ルドルフ・スティンゲルの代表的な作品は絵画です。作品4は絵画のコンテクストでやっているわけですが、発泡スチロールの板に靴にシンナーをつけて歩いたものです。これを「絵画」だと彼は言っています。

また作品5のような膨大な量の銀紙スポンジの断熱材を壁に貼って、ギャラリーを見に来た人にいろいろ落書きしてもらったり、銀紙を引っぺがして張り紙やポストイットなどを貼ってもらう参加型の作品もあります。こういう作品をオークションで三〇〇〇万円から六〇〇〇万円くらいの価格で販売し、それが飛ぶように売れているというのが現代美術の世界です。


次は、マーク・グロッチャン（Mark Grotjahn）。彼はロサンジェルスに住んでいるアメリカ人ですが、ドイツ系です。ドイツからは戦後の現代美術のシーンではペイント系の良質な画家が数多く出ています。

次ページのような放射状の模様を大きなキャンバスに描いていく作家です。たぶんアートに詳しい人にもなかなかわからないと思いますが油絵を描いている昨今の作家の中では最も高額で取引されています。

Mark Grotjahn
Untitled (Black to Brown Butterfly Green M07 #747), 2007
Oil on linen
62×52inches (157.5×132.1cm)

鑑賞の四要素

これからが本題です。

①構図
②圧力
③コンテクスト
④個性

この四つ、これが現代美術を見る座標軸、つまりルールです。

それを理解するにあたって二人のアーティストを登場させます。ご存じ、ピカソとゴッホです。ゴッホもピカソも個性たっぷりで、大人気の作家です。個性、生きた人生のドラマ、人間としての魅力が伝記や映画などでもほとんど

図2-1

鑑賞の四要素

①構図
②圧力
③コンテクスト
④個性

語られていて、『芸術起業論』では、実は一人の芸術家の生きる物語だけが商品価値なのではないかという話をしました。この二人に芸術家として大切な共通点があります。それが「圧力」です。

ゴッホの自画像は顔の周りに不思議な線がびっしりうねうねと描かれています（図2―1）。精神的な疾患があったからそのような線になったのだと言う人もいますが、本当かどうかわかりません。とにかく執拗に描いている。一枚の絵に対しての執拗な執着力。

一方、ピカソは図2―2のようななんだかよくわからない図を描いて、「絵画」だと言いました。

ピカソは生涯でおよそ絵画一万三五〇〇点というものすごい枚数を描いた人ですが、一枚当たりに接した時間は非常に短い。ものすごい枚数を描きながら時代とともに変わり、その変化は有名なキュビズムの時期も含めて六つか七つくらいの時期に分けられます。

図2-2

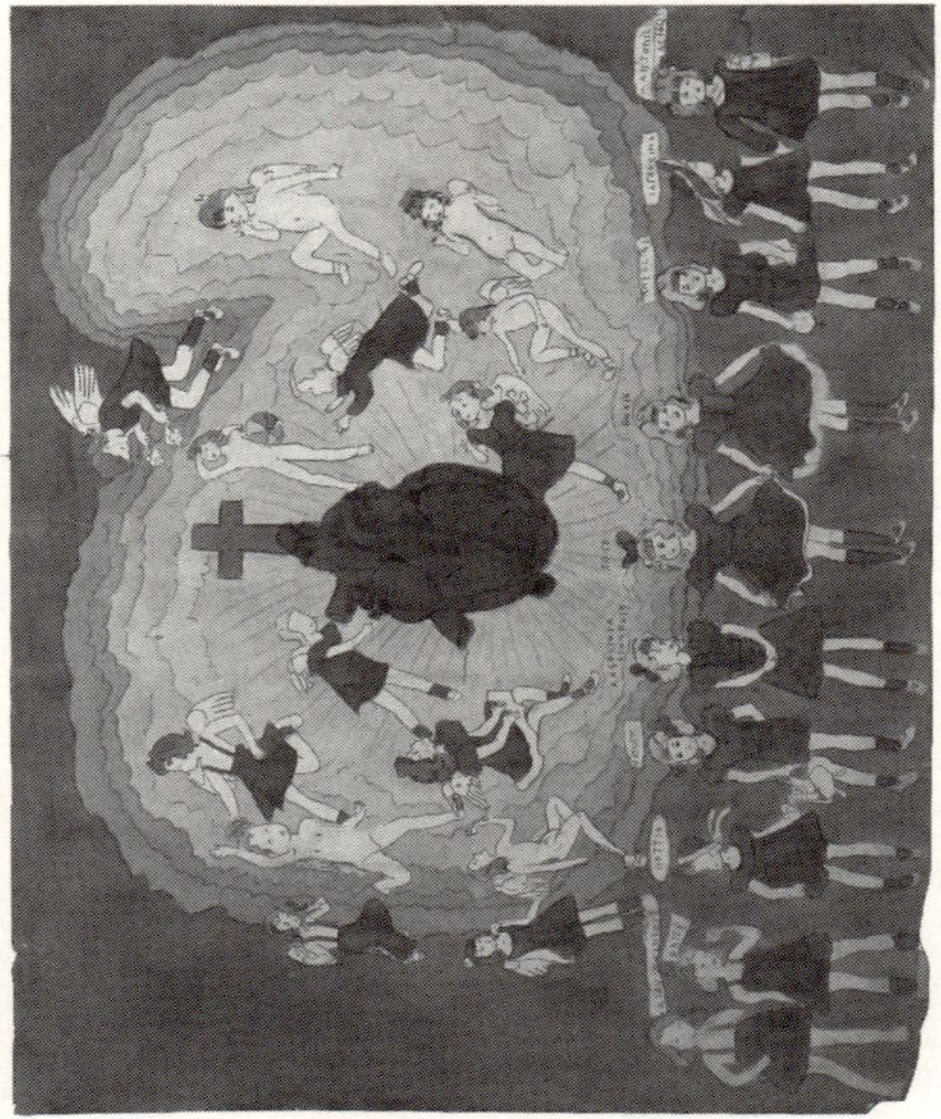

Henry Darger
Untitled : Sally Fielders, Daisy, Hettie,
Violet, Angelinia Aronburg, Joice Jennie,
Angeline, Catherine, Marjorie Masters
Collage, carbon tracing, pencil and watercolor
Detail of 48×124cm. Collection Kiyoko Lerner.

つまり、芸術を作る時の一枚に対する執着力、もしくは芸術の歴史そのものを作ろうとする執着力、そういう執念みたいなものが画面を通じて、もしくは作家の人生を通じてでてくるのが圧力です。

圧力でいえば、ゴッホと同じく精神的疾患をもちながら作品を作り続けたヘンリー・ダーガー（Henry Darger）がいます。彼の作品は、死後、発見されました。ヴィヴィアン・ガールズという男性器をもった女の子たちが、南北戦争と思われるような戦いを繰り返し行っている不思議な物語を持った作品群です。小説のようなものがタイプライターで一万五一四五ページも清書され、イラストは約三〇〇点と言われています。彼の作品はまさしく圧力から生まれ、個性までたどり着いています。ほとんど他人と交渉せず口もきけないと思われていたとか、彼個人の来歴が特徴的であまりにも個性が際立っているので、コンテクストや構図というのは二の次と思われがちな作家ですが、強力な圧力があるために、構図が成立してくることがありえるわけです。

現代美術のゼロ地点

構図というのは、絵を一枚一枚微細に見ていかないと説明がつきません。先ほどのルドルフ・スティンゲルの作品を簡単に描きながら構図について考えてみましょう。

図2―3がルドルフ・スティンゲルの作品だとします。

つぎに図2―4をグロッチャンの作品だとします。

これがなぜ現代美術なのかと言うと、抽象表現主義のパロディとして成立しているからです。アメリカが第二次世界大戦・太平洋戦争に勝った後、ニューディール政策の下に芸術家がアメリカ国内で非常に優遇されたので、ヨーロッパにいたマルセル・デュシャンもダリも多くのヨーロピアン・アーティスト達がアメリカに渡って行きました。一九五〇年代、抽象表現主義が起こったわけです。

抽象表現主義とは一言でいえば、「ピカソを倒せ！」というムーブメントです。ピカソの荒々しくて独創的な作品（図2―5）に打ち勝つにはどうしたらいいのだろうということがいろんな形で研究されました。

そして、ついに「絵を描かない」ことで、ピカソを撃退

図2-3

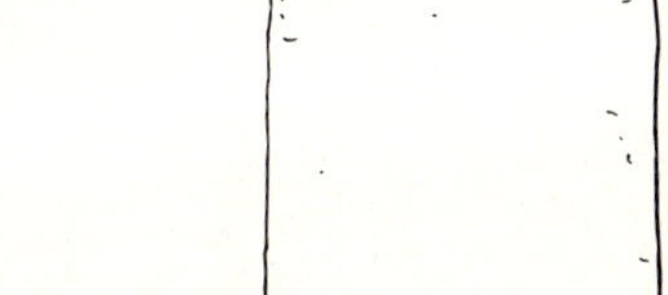
キャンバスに →
絵の具をベタッと
塗って、もう1枚の
キャンバスを重ねて
はがしたようなカンジの仕上り

図2-4

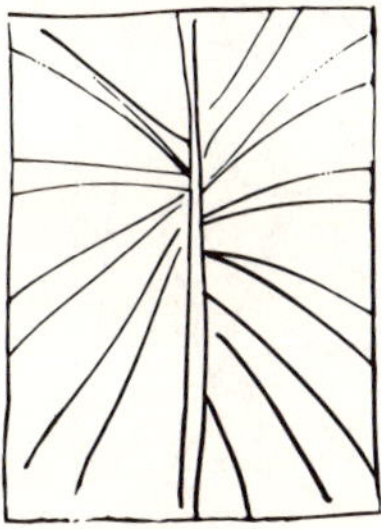

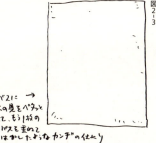

しようとしたわけです。なぜか？

ピカソと対になっているマティスという画家がいます。マティスは晩年絵を描かないという境地に達していました。色紙をちょきちょき切って、みんなが知っているベネッセのマークみたいなものを糊で貼ったりしたわけです（図２－６）。それに加えてフランスから来たマルセル・デュシャン（Marcel Duchamp）が便器で作った『泉』を発表した。mutt とサインして、ある展覧会でこの便器を出して、アートはどうせ下ネタ＝エロスではないか、下ネタだったら男子便所の便器でも持ってきてやるよ、と。美術館的な台座にのせて芸術とはこんなものでございというパロディをやってみせたところ、今や現代美術の始祖といえばデュシャンの『泉』ということになっています。これが現代美術のゼロ地点です。

ピカソがあってマティスがあってデュシャンがあって、この描くことを拒否することが芸術の世界で非常に重要に

図2-5

図2-6

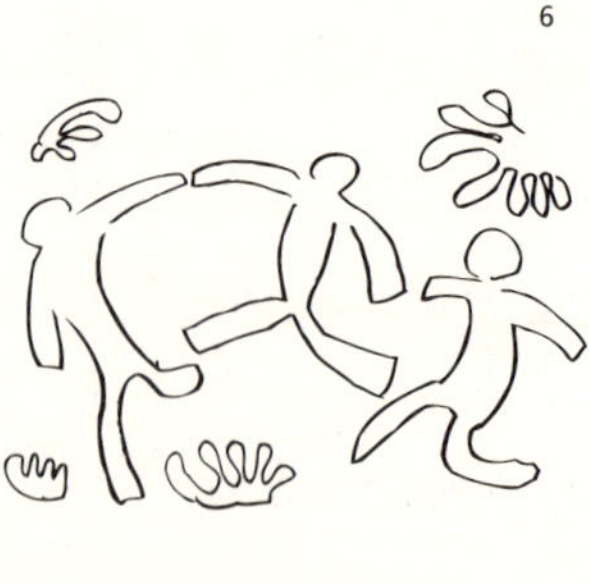

現代美術のゼロ地点

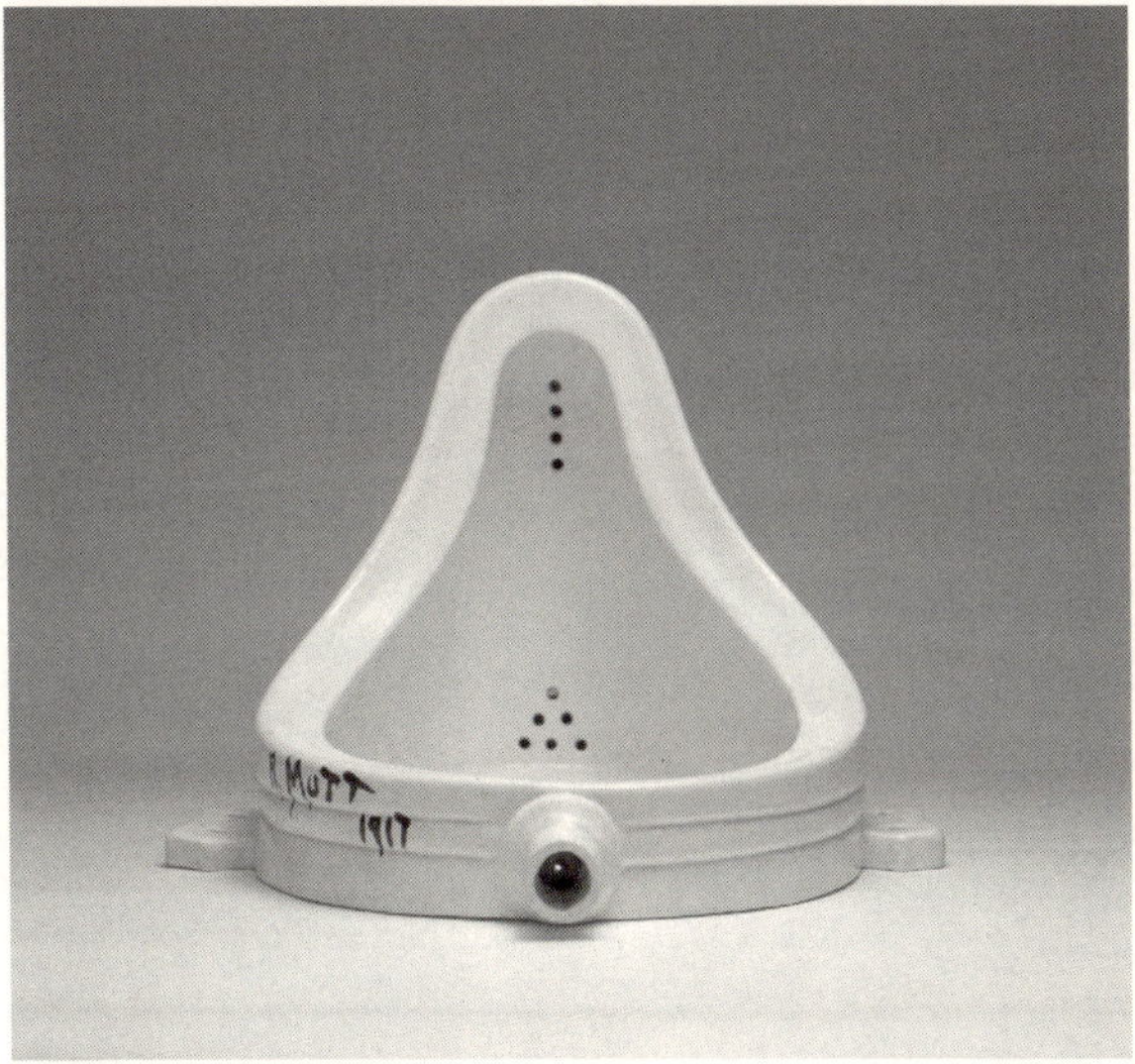

Marcel Duchamp
Assisted Readymade :
Fountain (1964 Schwarz edition 6/8),
1964 (original 1917)
Porcelain 36.0×48.0×61.0cm
京都国立近代美術館蔵

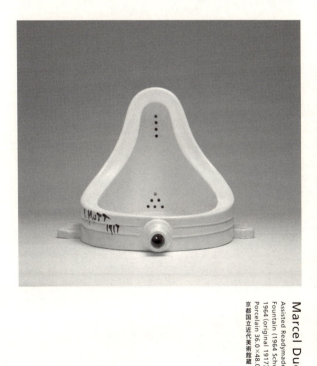

なってきた。前の章で、画商やキュレイターや美術館といったプレイヤーたちの望むもの、それが西欧式ARTのルールであると説明しましたね。それはもう本当にゲームのルールと同じです。

F1でもスキーのジャンプでもフィギュアスケートでも、時々、ルールが変わりますよね。F1なんて、日本車が強くなると、ただちにレギュレーションが変更されます。悔しいけれども、そこがおもしろいともいえる。人のエゴ、政治、金、欲、そして勝利へのこだわり、鑑賞者へのエンターテインメント性、それらを合わせてルールを変更する環境をうまく作るのはヨーロッパの底力です。理屈はいろいろつけられますが、変更それ自体の理由はよくわからないといえばわかりません。しかし、ルールが時代によってどんどん変わるのは事実です。

ARTの場合は、レギュレーションが〝描くこと〟を拒否するようになってきた。抽象表現主義は、なぜ描くことを拒否するのかと問われる度に、いろいろ理由をつけてきましたが、ぼくからいわせるとこれはブームだったとしか言いようがないと思います。

打倒ピカソ、打倒マティスを目指し、それが完成したのがデュシャン。デュシャンから一歩先に進むにはどうすればいいのか。今にいたってもその答えはでていません。

ジャクソン・ポロック（Jackson Pollock）のように絵の具をぼたぼた上からたらすこと

で描くことを拒否して、絵を描かなくても絵ができるというのを発明した作家もいます。ポロックはそうした作品を作って賞賛されていたのですが、疲れてアルコール中毒になり、車で激突して自殺したといわれています。最後に彼が残した言葉は「ピカソを超えることができなかった」だったそうです。ピカソは九〇歳を超えてもまだ作品を描いていましたが、ポロックは四四歳で亡くなりました。

「描かない絵画」の発明

ポロックの登場によって、「描くことを拒否する」アメリカARTの夜明けが来ました。バーネット・ニューマン（Barnett Newman）は、線が一本だけみたいな作品を描いた作家です。それを継承するジョーンズはどうしても油絵を描く技術をすてきれなくて、国旗、地図、人型を描くという戦略をとりました。油絵を描く技術（ワックス描法など）を身につけてしまったので、ペタペタとゴッホのように塗りますが、画題、モチーフは何も考えない、そういうフリをさせていただきますのでどうか許してくださいというわけです。

そして、今度はコンテクストを拒否して画題さえ無視するということをはじめた人たちもいます。アンディ・ウォーホール（Andy Warhol）は有名なシルク・スクリーンのマリリン・モンローを描き、ジャスパー・ジョーンズ（Jasper Johns）はアメリカの国旗を描いたりしました。彼らは「描くことを拒否する」というルールを拡大解釈して、モチーフ、画題を考えないということで次に行こうとしたわけです。

ウォーホールがすごいのは、表現領域を確定できないところです。彼にはトラディショナルな絵画を制作する技術力がない、アイデンティティがない、色の調和がない、何もない。それでも彼の作品はドラッグ・カルチャーの背景にある、ベトナム戦争だったり不況だったり、病んだアメリカとリンクしています。そういう時代に彼は勢力を拡大しました。

「便器でもアート」「描かなくてもアート」

それでは、改めてスティンゲルとグロッチャンの作品を解説します。

アートの歴史といっても、ようするにファッションと同じように、さまざまなトレンド、ブームの連続だという話は先ほどしました。ウォーホールの描くマリリン・モンローが芸術としてある程度行き渡ってしまった後には、今度はそんなアートもつまらないということになり、ミニマルアートとか、あるいは地球とか大地とかをモチーフにしたランドスケープアートというのもありました。いずれにせよ、一回ブームがくるとすぐつまらなくなるわけです。そこは株の投資とかファッションのムーブメントとまったく同じです。

アートの世界にも同じようにピークと衰退があります。歴史というほど大げさではなくとも、過去の流れを学習しておくと、次、こういうのが来るのではないか、そういえば、今、来ようとしている「これ」は、以前あった「あれ」の引用ではないのかとかをコンテクストとして理解する、それが知的とされるのが現代美術のシーンです。

この講義を始める前に、ルドルフ・スティンゲルの画集を見てしみじみといいなと思いました。「描いた」というよりも、むしろ「描かない」絵画なのですが、彼の作品はやはりすばらしい。ぼくも、何度も彼の作品を入手しようと試みましたが、まったく値段が折り合わずに購入できずにいます。銀紙に観客に落書きさせて作品としているものなど、安いのではないかと思ったら、ものすごく高くて買えませんでした。

けれど、よく考えればスティンゲルの作品の銀紙とか発泡スチロールという作品は、デュシャンの「便器でもアート」ということに、ポロックの「描かなくてもいい」をプラスして、さらに、無意味な素材、チープな素材を芸術に変換する「錬金術」、マーケットも加わった「錬金術」を「芸術」と捉えるという現在のトレンドにも合致しているわけです。

ポップアートが資本主義経済を背景に消費社会を体現したのならば、戦争に負けてしまった国々はそんな金持ちのアートには負けてしまう。けれども、俺たちには貧乏があるぜ、と自然の木や石をあまり加工せずに使い、そういうかたちで貧乏を逆手にとって作品を作っていきました。それがアルテ・ポーヴェラ（貧しい芸術）というイタリアのムーブメントでした。そのイタリアでも、スティンゲルはぼくらと同時期にニューヨークのアートシーンにデビューして、同じようにアップグレードしてきている作家です。

さてマーク・グロッチャンの作品、この放射状のものは何なのか。バタフライ・ペインティングと言います。彼にこれは何かと問うと、「『2001年宇宙の旅』の影響かも…」、ただそれだけ答えるんですね。当然、「え、それアートなんですか？」という疑問がありますよね。そうしたら、今度は、「そんなことがあるわけない。これは『絵画』です」、「バタフライだ…」と、そう言うわけです。よくわからんわけです。まるで本当の「詐欺師」のようだと思いませんか。

実際、彼は有名なポーカー・プレイヤーなのです。ポーカーというのは他人の手を読んで状況を作っていくゲームです。それが勝利へと結びつくわけですね。マーク・グロッチャンの作品は先のスティンゲルの作品にもある絵画の定石、目線の移動のセオリーがある。そこに多くのコンテクストが盛り込まれている。女性のヴァギナ的な、もしくは肛門的な要素が入っている。そして、シリーズ・タイトルはバタフライです。

思い出してみてください。現代美術の始祖といわれるマルセル・デュシャンの代表作は男性の便器でした。マーク・グロッチャンは肛門とかヴァギナを暗示させるような、しかし、言ってみればただの放射状の模様を描いているとしかいえなくもないようなものです。

「俺の手はロイヤル・ストレート・フラッシュかもしれないぜ」ということを、ポーカーのゲームのように相手に思わせることに成功している。だから彼の作品は非常に価値があるものと認められています。

今、ぼくが話したのは、コンテクストです。作家になるためにこうしろという話ではないので気をつけてください。なぜ日本の人たちが、現代美術が嫌い、現代美術がわからないと言うかというと、わざわざコンテクストを知的に理解しなければならないアートなんてアートではないと思っているからです。アートというのはそういう高尚ぶったお勉強のできる人の遊戯ではなくて、誰にでもわかる＝〝自由なもの〟であるべきだと、皆思っているのですね。

「アートは自由に理解するべきだ」

これはほとんど信仰に近いものがあります。

では、さきほどぼくが日本人にとって芸術であるといったマンガの場合はどうか。皆さんは「マンガはコンテクストなど理解せずに、自由に見て楽しめるからいい」と思っているかもしれませんが、実は外国人にとってマンガほどハイコンテクストで、ハードルの高い文法を持った芸術はありません。特に現代マンガは先行するコンテクストへの理解なしにはきちんとした理解は不可能です。それよりは現代芸術の方がよほどわかりやすいとぼくは思います。

『バクマン』と現代美術

『バクマン』(作画・小畑健、原作・大場つぐみ)というマンガを読むと、『ジャンプ』の方式と現代美術の方式が似ているなということがわかります。『週刊少年ジャンプ』の主力マンガというのは、あきらかに絵の内容に圧力があります。描き込みとかトレンドのセッティングの仕方とか絵の崩し方とかも最先端です。編集者もマンガ家も非常に意図的にそれをやっている。

圧力はともかく、現代芸術にはコンテクストとともに構図というものが、デュシャン以外にマティス、ピカソをはじめとして、バーネット・ニューマン、ジャクソン・ポロック、アンディ・ウォーホール、ジャスパー・ジョーンズ、ロバート・ライマン(Robert Ryman)のような、ミニマル・アーティストにもシッカリとある。

あるトレーニングを積まないと作品を見ることができないということが、現代美術を見る難しい部分です。でも、現代美術のルールを覚えるのも囲碁や将棋を覚えるのと同じようなものです。マンガの読み方を覚えるよりははるかに容易だと思います。

さっきのスティンゲルの作品の場合、ちょっと汚れがあるんですが、これを観てぼくはすごいと思いました。こんなにすごいことができるんだと驚いたわけです。

例えば、ぼくが絵を芸術作品にしようとすると、必ずやることがあります。目線の移動をどうやって誘導するかということを計算しはじめるわけです。例えば、今、絵が曲がっているとしますね、そうするといちばん最初に人の目がいくのが絵が曲がっているところです。何かおかしいというので目がいく場所がスタート地点です。それから目をどう移動させるかというのが芸術家の技だったり圧力だったりします。

ぼくだったらどういう手を打つか。図2―7を見てください。並の絵描きだったら囲碁やオセロと同じで定石どお

図2―7

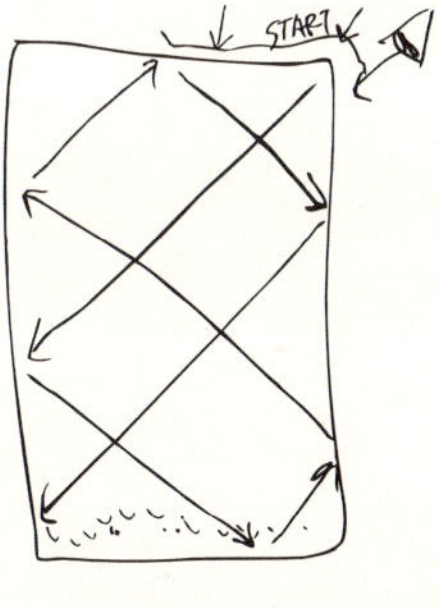

り、たぶん斜めの、昔のテレビゲームのテニスみたいな目の動きを誘導します。それで画面の四隅に目が行き届くようにするのが通常の方法です。しかし、これをやっていたのではおもしろくない。あまりにも定石どおりすぎてつまらないということは絵を少しも勉強したことがない人にも想像できると思います。

視線の誘導

では、どうするか。図2―8を見てください。❶のスタート地点から❷に誘導するためにここら辺❸にゴミをつけるかもしれない。ここら辺のへり❹にもまたゴミをつけるかもしれない。そうすると、❶から目が入って、❷にいって、あとは目がどこにいったら良いのかわからないので、さまよって仕方がないのでこのゴミ❹に目がいって終わる。これは画面の四隅すべてに目を行き届かせるという点です

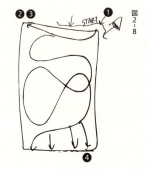

図2-8

ばらしい。

なぜ、四隅への目線の移動がすばらしいか。目の動きを誘導していくうちにコンテクストが見えてくる、視線の移動の中にいくつものレイヤーが見えてくるわけです。

絵画を例にしましたが、彫刻や映画でもこうした視線誘導が行われています。『アバター』がその良い例です。『アバター』はアート作品だと思って観るとおもしろい作品です。だから『アバター』のストーリーがどうこうという人とぼくは話が合いません。『アバター』は視点の誘導、色の設計など巧妙な作品です。

彫刻にも同じような視点の誘導があります。いちばんわかりやすいのはロダンです。ロダンがやっている彫刻というのは非常にわかりやすい。

やはり現代美術における彫刻は、先ほどのデュシャンと同じように何もやらないことが席《せっ》捲《けん》しているので、真四角のキューブを並べているドナルド・ジャッド（Donald Clarence Judd）や鉄をズバッと切っただけに見えるリチャード・セラ（Richard Serra）とか、そういうミニマリズムのような文脈の彫刻が出ます。そうかと思うとジェイク・アンド・ディノス・チャップマン（Jake and Dinos Chapman）というイギリスの彫刻家のようにプラモデルを改造して、ナチスの残虐性を立体化するような作家も出てきています。しかし、鑑賞法はまったく同じです。

この目線の誘導は「ああダリのあれか」、そしてこのゴミは「ラウシェンバーグのあれか」と、そしてこのさまよったのは「やっぱりデュシャンか」と「なるほど、これは全部みていくとレイヤーが二〇層になっている」。これは「すばらしい」「たった、ここにゴミを二箇所おいただけで二〇ものアートの歴史を全部コンプリートしているというのはなかなかたいしたものではないか」。

西欧の現代美術というのはこういうゲームなわけです。それは「自由にものを見たい」という人にとって対極にあり、いちばん忌むべきものかもしれない。そこで「不自由だよ、こんなの別に勉強しなくたっていいよ」。そう言ってしまったらそれでおしまいです。だから日本において、現代美術は意味がないというわけです。

しかし、ポンピドーセンターとかMoMA《モマ》（ニューヨーク近代美術館）に行けば、こういう作品がいっぱいあります。外国の人たちが大勢見ていたりとか、ショップに行くとすごい厚さの本が何冊も置いてあったりします。

最近では現代美術にも、自分たちの知らないような意味があるのではないかと思う人が増えてきたのも確かです。「現代美術は知らない」「不自由な現代美術を観るほど俺は暇ではない」「不自由な現代美術を理解する意味も感じない」と思うが、展覧会に彼女と行ってちょっとこういうことが話せるとカッコいいかなと思っている人も増えてきていると思います。

カッコいいか悪いかは置いて、日本がいつの間にかファッションの大国になったように、今お話ししたような方程式さえわかれば、日本はあっという間に芸術大国になれるとぼくは思います。

美大生の諸君は、傾向と対策を教えてくれないから大学はよくない、大学は洗脳の場所と言っていましたが、実際には彼らは洗脳なんか受けていない。むしろ彼らは洗脳を受けたがっているわけです。ようするに「傾向と対策、方向性を示してくれさえすれば自分たちは上手く踊るよ、だって、自分たちダンサーだからさ」と。芸術は自由にやれと言われてもそんなものは知りたくないし、わかりたくもない、カッコいいダンスを教えてくれると思ってダンススクールに入ったのに何も教えてくれないで、自分の内面からわき上がることをやれといわれても困るわけです。

自身による村上隆

次は、ぼく自身の作品を題材にみていきましょう。ぼくの三年くらい前の作品集、『©MURAKAMI』です。このタイトルは、ぼくがずっとコピーライトについて美術館の人にうるさく言ってきたことから来ています。

　例えば、レコードであるとか映画、ディズニーのプロダクションとかそういうものは必ずコピーライト表記があります。そこには創造物に対する社会的な通念として著作者の権利を守ろうという意識がある。ネットの世界ではそういうものは共有財産だという考え方があって、それがせめぎ合っているのが現代です。

　ところが、芸術の世界というのは不思議なことにあまり権利を主張する人がいなかったわけです。芸術家は死んだ後に評価されるのでアンディ・ウォーホール財団のようにしっかりした組織が権利を管理しているところはコピーライトの表記がありますが、ほとんどの現存する芸術家にはコピーライト表記がありません。それはおかしいのではないか、ということをずっと言っていたら、キュレイターがそれをおもしろがって「村上といえば©」ということで、こういうタイトルをつけられてしまった。そういう展覧会です。

©MURAKAMI
Dick Hebdige／Midori Matsui／Scott Rothkopf／Paul Schimmel／Lisa Gabrielle Mark Rizzoli; illustrated edition

ぼくの作品の代表作というのは、DOB君だったりカイカイキキというキャラクターだったりしますが、さっきのルドルフ・シュティンゲル的な抽象表現主義に近い作品もあります。ブレイクするきっかけとなったのは先にも触れた『ヒロポン』という巨乳の女の子が母乳で縄跳びしている彫刻です。

次は非常に高額で落札された『マイロンサムカウボーイ』という作品です。これもスプラッシュ（しぶき）のようなものが彫刻になっています。この作品はスプラッシュ・ペインティングを背景にして発表されました。これらがアメリカの現代美術業界で初めて注目されはじめたぼくの作品です。

背景にあるスプラッシュ・ペインティングは、だいたい横幅が五メートル半、縦幅が三メートル近く。日本のアートシーンではほとんど紹介されたことがないので、あまり注目されたことがありません。欧米のアートシーンでもこれは評価されづらい。なぜかというと、さきほどの『ヒロポン』や『マイロンサムカウボーイ』と一緒に、彫刻作品の背景として作ったので、あまり枚数がないわけです。今はこのシリーズがなくなったので作っていません。

この作品が何かということを説明しましょう。

My Lonesome Cowboy, 1998
マイロンサムカウボーイ
Oil, acrylic, fiberglass and iron
2540×1168×910mm
Courtesy Blum & Poe, Los Angeles.

Spring Liquid, 1998
Acrylic on linen on board
2700 ×5400mm (4 panels)
Courtesy Marianne Boesky Gallery, New York.

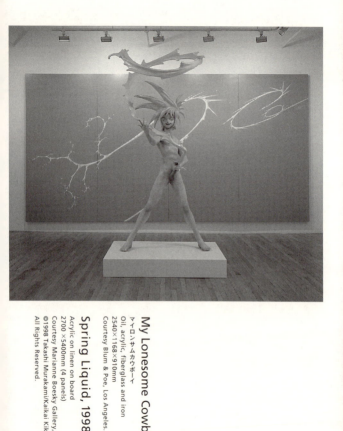

フォームの発見

一九八〇年代に活躍された金田《かなだ》伊功《よしのり》さんというアニメーターがいます。金田さんのフォームはアートではないかという思いがぼくの中にずっとありました。

なぜか。金田伊功さんのアニメーション作画で爆発シーンは非常に特徴的です。よく言われていることですが、強力なパース、画面の誇張があります。だいたい遠近感がゆがんでいるし、爆発が非常に派手です。詳しくは批評家の氷川竜介さんの本を読んでください。この金田伊功さんの爆発のフォームは、実は葛飾北斎や東洲斎写楽がやったような「フォームの発見」ではないのかとずっと思っていました。

しかし、「これはフォームの発見だ」と思うだけでは駄目で、芸術の世界に伝える人がいなければそれは芸術にはならないわけです。つまり翻訳者が必要なのです。

日本美術について『奇想の系譜』（筑摩書房）という本を書かれた辻惟雄《のぶお》先生という方がいます。その辻先生が「マンガが現代の日本の美術です」ということを書かれていた。ぼくはそれを読んで「やっぱり、そうだ！」とひざを打ちました。本当にわが意を得た気がしたのです。

それで、辻先生に「今のマンガ同様にアニメも非常に進化していて、その中でもアニメーターの金田伊功はスゴイので見てください」とお願いしました。わざわざ、スカイ・ザ・バスハウスというお風呂屋さんを改造したギャラリーに来ていただいて、一九八〇年代初頭だから本当にたいへんな思いでビデオを編集して金田伊功さんの爆破シーンを約二〇分間お見せしたのです。その時、辻先生は苦笑されて、「わかりません」「ぼくには何が美術なのかぜんぜんわからない。あなたが研究して発表しなさい」と言われました。

しかし、それでも、ぼくはくじけずに、ではどうして金田伊功はアートなのか、考え続けました。彼が描いているのは、一二〇頁のような形状です。一枚の絵だけみると爆発というより何かよくわからない抽象形状の羅列です。彼のアニメーション作画がブームになればなるほど抽象形状の羅列がさらに進んで何がなんだかわからなくなってきたわけです。

これは、明らかにコンテクストの重層化です。作家自身が生み出したフォームの重層化というのは、彼のアニメーションの中で勝手に作り出されたコンテクストをオーディエンスが共有しているわけです。これは、つまり、芸術であるということなんです。

今だったら、この発表の仕方はきっとMADムービー（既存の音声・ゲーム・画像・動画・アニメーションなどを個人が編集・合成し、再構成したもの）になるでしょう。ぼくが辻先生に解説したように、自分たちでアニメーションを二次創作してニコ動で流して「みんなどうよ、これ結構神じゃね」とか、「才能のむだ遣い」「そうだそうだ」とコンテクストを共有していくわけです。

しかし、外国人からみるとアニメーションやゲームやアニメのMADはまだ芸術になっていません。それはなぜか。翻訳者がいないからです。この翻訳者というのが日本人が大嫌いな「批評」だったり「評論」です。批評というのがあってはじめて人はコンテクストの重層化した構造を理解するわけです。意味の後に通底する何枚ものレイヤーを理解するわけです。

日本抽象芸術の夜明け

ぼくの作品の解説に戻ります。もうわかっていただけたと思いますが、このスプラッシュは金田伊功です。背景の図は先ほど見ていただいたとおり、何の抑揚もなく色を塗っているだけ。アシスタントの子に「これ塗っといて」と言って塗ってもらっているだけなんです。このフォームは金田伊功のフォームなのです。

コンテクストでいえば、さきほどデュシャンのところで述べた下ネタ、精子の飛沫という意味を読み取ることもできます。そして、ここがこの作品の肝なのですが、実は狩野山雪という作家が金田伊功の爆発のフォームそっくりの梅の絵を描いているわけです。それがメト

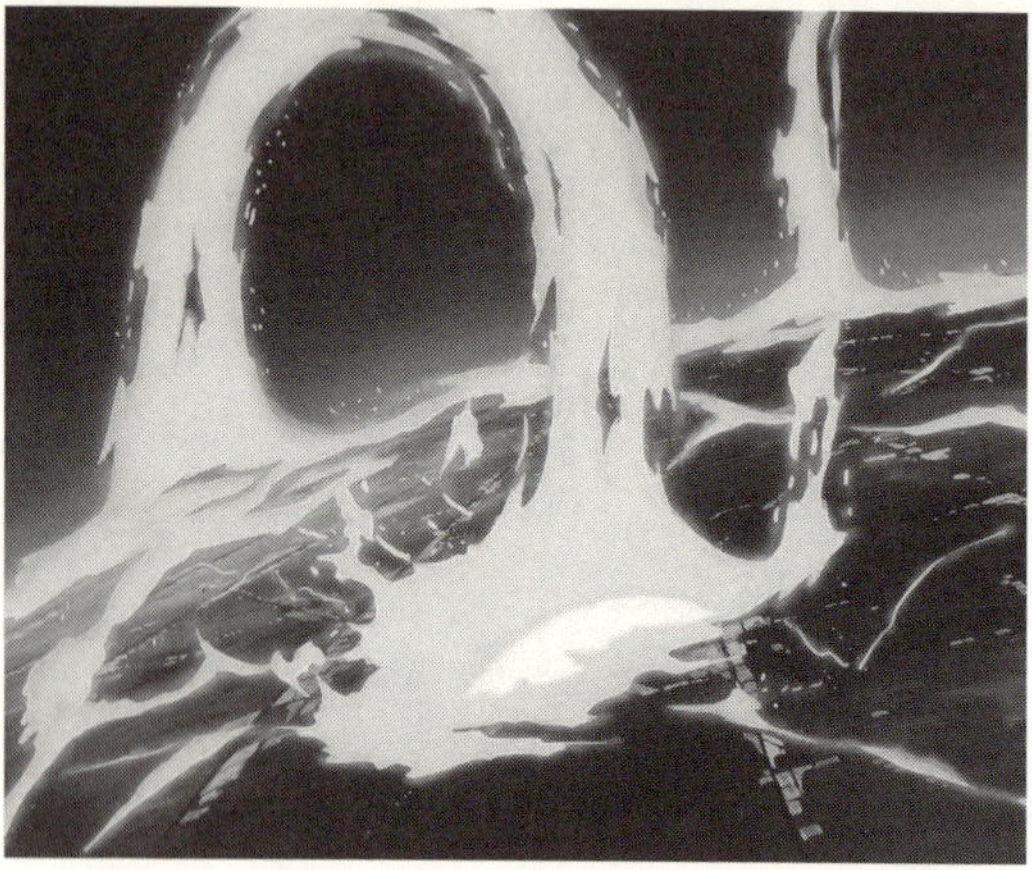

ロポリタン美術館にあります。

枝がものすごく曲がって、花が端の方にちらっとあるんですけど、竜がのたくりまわったような木に花が少し咲いている。岩がありますが、その岩も本当に申し訳程度のもので先ほど説明した目の動きを誘導するためだけの梅の木や岩だったりします。

これもぼくはある意味、日本の抽象芸術の夜明けを作った作品だと思っています。ですから、ぼくの作品には狩野山雪＋金田伊功＋下ネタ＋フラットなアメリカ戦後の美術、ここまでで少なくとも四つのレイヤーが組み込まれている。さらにこの絵画は彫刻の後ろの背景になっています。

アメリカ式の現代美術は、絵画がそれ自体で独立していなければなりません。彫刻の背景とすることで「既に絵画はそれだけでは成立しなくて彫刻の背景にしかならない」ということをもう一つ加味したわけです。ですから、ここで五つのコンテクストがスプラッシュ・ペインティングに

長編アニメーション『銀河鉄道999』
右頁上
（監督りん・たろう／1979年）における金田伊功による惑星メーテルの崩壊シーン。

狩野山雪「老梅図襖」
右頁下
Kano Sansetsu/The Old Plum. Ca. 1645.
Four sliding door panels (fusuma); ink, color, gold on gilded paper
H. 68 3/4 in. (174.6cm); W. of one panel 45 11/16 in. (116cm);
W. of all four panels 15 ft. 11 1/8 in. (485.3cm).

あるということで、「日本人も現代美術ができるんだ」と思われたわけです。

それまで彼らは日本人がそんなことができると思っていなかった。だから「知らなかった、日本人もなかなか考えているな」と驚いたわけです。それでぼくは評価された。もちろん内心「バカにするなよ。そんなルールなんてすぐに解析可能だ」と思っていました。実際にルールを知りその中で競うというのは別に特別なことでも何でもありません、こういう地道なことの積み重ねなのです。

最も民主的なアート

美大生たちは、こういうことをやれば現代美術になるということを知らないと思います。彼らは「村上さんの時と私たちは違う」と言っています。そうではないのです。変数や条件に変化はあっても、この方程式はぼくらの頃と「違わない」のです。それが現代美術です。つまり、さきほど述べたように歴史が重層化しなくてはいけない。同じ日本人だったら狩野山雪あり金田伊功あり、日本の美術は実はマンガだよといった辻惟雄先生がいて、歴史が串刺しにならなければ現代美術ではないわけです。

美大生は決してそれを理解しようとしません。彼らは「自由になりたい」のです。自由＝

アート。第一章では貧＝芸術＝正義という貧神話についてお話ししましたが、今度は自由＝芸術＝正義という自由神話です。

この神話があるかぎり、彼らはぼくの授業を受けても、絶対に現代美術のアーティストにはなりません。その代わりに彼らのいうところの「自由人」になるのだと思います。そして、「なぜ私は、アーティストじゃないんですか、こんなすばらしい自由人なのに」と悩むわけです。

でも、さきほどからずっと口をすっぱくしていっているように、現代美術は自由人を必要としてない。必要なのは歴史の重層化であり、コンテクストの串刺しなのです。

だから、ぼくの作品というのは彼らのような「自由人」からみると「くだらないもの」に見える。金田伊功のフォームの方がずっと天才だというわけです。

その通り。たしかに金田伊功は天才です。しかし、その天才をどうやって天才と認めさせるか。それが現代美術の歴史です。デュシャンは天才かといわれれば、彼は、ピカソやマティスやセザンヌの天才性を裏づけするコンテクスト＝批評的言語を作ったのだから天才です。けれど、彼が作った作品が天才的かどうかは別の話です。

しかし、仮に作品に天才性がなかったとしても、歴史の重層性さえあれば現代美術は可能だという「発明」が現代美術なのです。ある意味、これほど民主的な創造エンターテインメントはないと言えるのではないでしょうか。天才でなくても芸術が作れる。映画でいえば天才的な映画監督しか映画を作れないのだったら映画というエンターテインメントは産業として成り立たなくなります。

同じように、芸術の世界もニーズがあるので、年間やはり二〇〇人くらいのスターが登場しないと成立しない。その二〇〇人を補うためには、天才を待っているわけにはいかない。なぜなら天才というのは三〇年、四〇年に一人しか現れない。だから、天才不在の中でも天才的に見せることができる必要がある。コンテクストがあればそれは可能だ。その発明が現代芸術です。

最近になって、藤原えりみ『西洋絵画のひみつ』、中野京子『怖い絵』(ともに朝日出版社)という本を読みましたが、非常に勉強になりました。おもしろい。現代美術を語るにしても、現代美術になる前の戦前、一九世紀以前のコンテクストももちろん理解していた方が先ほど言った意味の重層化を作りあげるには有効です。こうした歴史の重層化、コンテクストの串刺しは観る場合にも有効なので、是非、皆さん読んでみてください。

コンテクストの違い

ぼくの作品には絵画と彫刻があります。DOB君という作品は、『©MURAKAMI』の表紙のDOB君とぺたんこになっているDOB君と、先ほどのスプラッシュ・ペインティングでは同じ絵画ですが、すべて違うコンテクストを持っています。そのコンテクストの違いを説明します。

まずは、スプラッシュ・ペインティング。『ズザザザザ』。これは、まずアニメ、アメリカンアート、あともうひとつ、個性という意味では日本式ハイコンテクストを持っています。

ぺたんこのDOB君の絵というのは何か。『青の意味』。これは串刺しのテーマとはまったく別で、まず背景が銀色です。最近はこの銀色がプラチナ箔《はく》になりましたけれど、この作品を作っていた当時、ぼくは貧乏でした。

第一章でも貧乏というのは芸術の中では重要なコンテクストだと言いましたが、本当はそういう高額な箔、金やプラチナ、銀のような日本の芸術がかつて使っていた高額な素材を使えばいいのに、貧しくて買えないから銀色を塗ったわけです。ようするに戦争で負けた貧しい国だからこそ出てきたエンターテインメントが「カワイイキャラクターたちですよ」ということです。

そして、もう一つは「アメリカのみなさん、日本人なんていうのはあなたたちが思うように絵が描けません」「芸術が描けない」「だから構図なんか関係ないので真ん中に入れました」「考えてみれば、絵が描けないということはあなた方のアメリカンアートのコンテクス

ZuZaZaZaZaZa, 1994

ズザザザザザ

Acrylic, silkscreen on canvas mounted on board

1500×1700mm

Courtesy Tomio Koyama Gallery.

Mean of Blue, 1998
青の意味
Acrylic on canvas mounted on board
405×405×45mm

トにもつながっていますよね」と。だから四層構造くらいにしたわけです。
もちろん買った人はただカワイイから買っただけでしょう。しかし、ギャラリーの人も美術館の人も、ぼくの作品を飾る時にはこの重層化した歴史の串刺しということを完全に理解しているわけです。

作品集『©MURAKAMI』の表紙の絵『727』は、村上隆の代表作といわれています。なぜ、これが評価されたのか。

食事にたとえるとマルセル・デュシャンはベジタリアンです。それも、スーパーハードコアなベジタリアン。健康的であるとはベジタリアンであるというのが美徳であるというような風潮がいまだにあると思います。そういうハードコアな世界がある一方では、やはり、肉を喰わないと人間生きていても楽しくないよというのがあるわけです。西欧人に限らず、ぼくらだってそうかもしれない。芸術の世界にも同じことがある。

言ってみれば先ほどのDOB君の絵はベジタリアンなわけです。コンテクスト的にそちらの方が現代人としてスタイリッシュで、料理で言えば健康にもいいと説明されている。それはそれでたしかによい、たいへん結構だが、たまには肉を喰いたい、肉は身体に悪いけど美味い。やっぱりたまに美味しいものが食べたい。理由抜きに肉も食べたい。

ということでこの表紙のDOB君は「肉」なんです。同じ絵画なのに理由が違う、見せ所が違うわけです。したがって、村上隆という作家は「肉」も提供できる作家ですということになる。

村上はベジタリアンのサプリメントものも販売できる、そして日本から来たベジタブルを行商する人間として王道のベジタリアンが好む作品も提供している、しかもそれだけでなく肉も販売している。なかなかやるじゃないか、というわけです。

それぞれの作品がまったく別の文脈で提供されている。もちろん、作者であるぼくは、これを考えてやっています。関わるキュレイターであったり、やる場所、時期——時々、時事ネタとして湾岸戦争があったり、9・11が起こったとか、リーマンショックの後であるとか、パイプラインが壊れて海が油だらけになってしまったとか——にあわせて作品のコンテクストを変えていかなければなりません。人々の気持ちは変化するので、それにも合わせてゆけるようにする。だからといって、もちろんウソをつくなんてもってのほかだし、作家の個性をゆがめるのは論外です。

村上の旗印といえばDOB君です。DOB君だけど「肉」も提供できます、何かちょっと健康が気になるならアイコンだけのものもありますよ、ということをやってきました。だから、現代美術の世界では「なかなかマルチチャンネルでこの作家はいけるな」ということになるわけです。

そういうわけで、次から次へと作っている作品全部が違うコンテクストで作られているわけです。『タイムボカン—欠けてきた目—赤』はタイムボカンシリーズというタツノコプロのアニメーションがあって、悪役が最後にやられてしまう時にヒロシマ・ナガサキ的なキノコ雲の文様が出てくる作品群です。けれども、その中から悪役は次の週には生き返ってくる、と。そういうメタファーがあると、日本のメディアなり日本で芸術を解釈する人たちはそこしかみないわけです。

でも、実際はそれだけではなくて、ここにある色であるとか、技術に関しては、コンテクストの重層化があるのです。けれども、日本の一般教養をもった芸術がわかったような人、自由になりたいということが芸術であると信じている人たちにとっては、それらは詭弁にしか映らないのです。

けれども、これが現代芸術の世界です。それを、美大生も美大の先生もオーディエンスもどうしても理解しようとしない、理解できない。どうして理解できないか、その理由がぼくにはわからない。このルールさえわかってもらえればと思います。例えばサッカーの場合だと、テレビ番組で、今はお笑い芸人さんとか俳優さんがかなり難しいプレイでも解説してくれますよね、ぼくはまったくわからないのですが、相当専門的に語っています。

だから同じように、この人現代美術好きなんだなという人がいてくれると、外国に旅行し

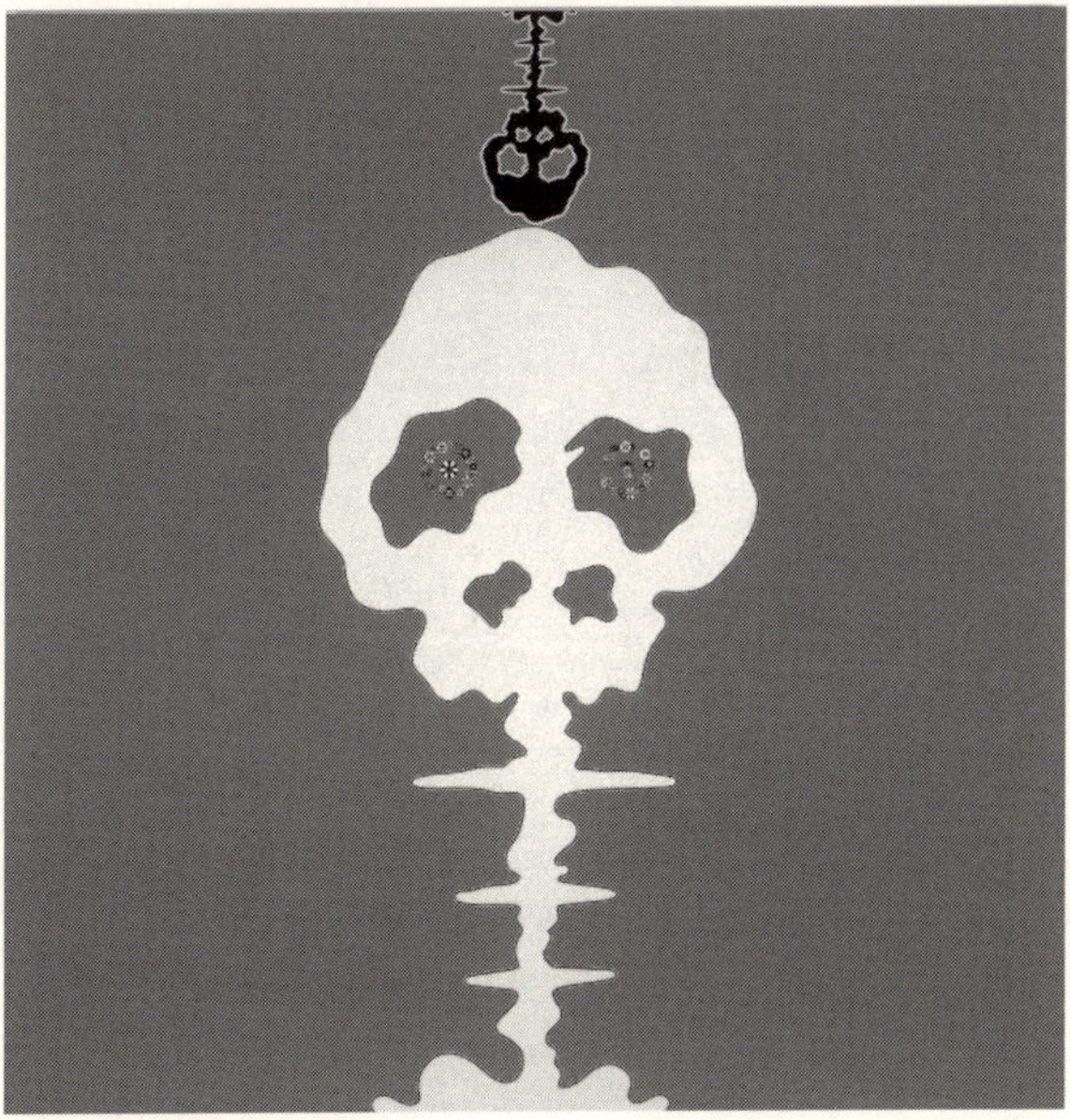

Time Bokan - Missing in the Eyes - Red, 2006
タイムボカン―欠けてきた目―赤
Acrylic on canvas mounted on board
1800×1800×50mm
Courtesy Blum & Poe, Los Angeles.

た時、もしくは日本で本格的な現代美術の展覧会をやった時にはサッカーの好プレイについて語るのと同じように歴史の重層化やコンテクストの串刺しについて語ってもらえれば、もっと楽しんでもらえるのではないか。この本を読んで、少しでもそういう人にでてきて欲しいと思います。

MADはART?

さて、もう一回おさらいです。構図、圧力、コンテクスト、個性。

まず、いちばん熱を入れて話したのはコンテクストです。MADムービーとよばれる既存の作品をいくつも組み合わせ再編集した作品があり、インターネット上では人気があります。これは非常に難易度が高い。よくMADはアートではないのかと、聞かれます。

手間暇をかけて翻訳する人がいれば、MADはアートになると思います。その時に障害になるのは著作権の問題です。けれど、何もかも説明すればわかってくれるということを勇気を持ってやる人が少ないのが、サブカルチャーがサブカルチャーのままでいる理由なのではないでしょうか。

ぼくはMADはアートだと思います。圧力という意味では、先ほども述べたようにMAD

を圧力をもってアートだというムーブメントが起これば、これはやはり個性だということになってくるわけです。少ない人間でMAD最高、MAD最高と言っているだけでなく、意味の重層性を解説しさえすれば芸術になると思います。

この場合の圧力というのはやはり「人生がかかっているか」、粘着質にそれについて考え続けて研究し、歴史を検証し、現代を検証し、批判する人間、肯定する人間の意見をきちんと自分で検証し、その上である種の発表された論文なり研究が客観性を持ってなるほどとわかるようなところまでやれば、これは芸術になれるかもしれない。

それにはやはり人間の圧力が必要です。さっき言ったヘンリー・ダーガーの場合、別に彼は人生をかけるつもりはなかったと思います。それしかやることがなかったので、たまたま、人生がかかってしまったわけです。しかし、やはり見るものを納得させないではおかない何かがあります。彼は絵だけでなく小説のような文章もみっちり書き込んでおり、それも含めて、もうすごいとしか言いようがないわけです。

個性は作られる

個性とは何か。個性は作られるべきです。ぼくはそう思います。例えば、予備校の先生が受験生に与えるテーマというのは、ようするに合格させるために他人と違うような個性に似たなにものかを作りあげ、いわば捏造《ねつぞう》しています。

受験生の方はよくわかりませんから、これが「個性なのかもな」と思ってしまうわけです。もちろん、先生は巧みで合格に向けた「教育」をしているので「個性」だと、君のすばらしい、ゆるぎない「個性」だということでガンガンやるので、本人たちもその気になるわけです。そう信じることで三角が三つくらいある作品を描いて普通の予備校生は合格する。つまり、洗脳の結果、ある種の自信の裏打ちによって圧力を持ち個性のようなものに見えることで合格するということがあるわけです。

これは芸能プロダクションなどがよくやる手段です。あなたには今、こういう曲があるので、こうしなさい、ああしなさい、ということで個性みたいなものができる。例えばＡＫＢ48というのは作られた個性のようなものの集団であるといえます。もちろん、モーニング娘。でも黒人演歌歌手のジェロにしてもそうでしょう。自然な部分ももちろんあるでしょうが、やはりいろいろなコンテクストを合体させていくことで、ああいうキャラが作られるわけです。

では、個性とは自然発生的なのか、実は自然発生的ではないのではないか。どちらでしょう。ほうっておいても人はそのままでみんな一人一人個性を持っているという人もいるでしよう。しかし、日本人はアイドルを見る時は、こういうプロデューサーが作っている、こういう傾向で、だいたい順位はこれくらいで、この辺で消えていくだろう、ということまで含めてサブカル的なハイコンテクストな文脈を楽しんでいるわけです。

同じことがアートの世界であってはなぜいけないのか。悪いわけはない。アートの世界にもこのようなハイコンテクストを盛り込み文化の融合を達成させる。それがこの四つの構造の中での答えです。しかし、アートの世界ではそうなっていません。美大生たちは先生に洗脳されたわけではない。学生たち自身がいちばん信じたいことは「自由になりたい」、自由に表現して、裸の私をわかって、毛の一本一本まですばらしいでしょう、全身全霊を込めてそのままの自分自身を認めてください。彼らの自由とはつまるところそのままの自分を認めて欲しい。そういうことなのです。

日本人アーティストはなぜ少ない？

最初に、日本人で世界で活躍しているアーティストは一〇人いません、この本ではなぜ一〇人しかいないかということに対する答えを出すと言いました。

その答えとは何か。現代美術とは何でしょう、ぼくのように「現代美術というのは戦後の米英の美術です」という人がいますか。まず、いないと思います。ここに射程を置きます。そこにハイコンテクスト化したレイヤーを入れる。たくさんあればあるほどよいのですが、このレイヤーの中に必ずデュシャンとあと何人か、一九五〇年代のアメリカのアーティストを入れる。そしてさらに自国の問題を串刺しにしていく。

こんな簡単なことをどうして誰も発見できなかったかというと、「ART＝自由」という神話にみんなが搦《から》め捕られていたからです。そのために、ぼくが今、言ったような、ラーメンにたとえるとスープのレシピのような簡単なことを理解していなかったわけです。

よもや、こんな単純なものではなかろう、なぜなら、お釈迦様でもわからない「人間の自由とは何か」を扱うはずのアートが、そんなものであるわけがない。そういう神話がまかり通ってきた。そして、そのこと自体が現代美術の秘密そのものだったわけです。

ぼくが書こうかどうか迷っていたのは、一つには旨いラーメン屋のレシピそのものだからなんです。簡単に言えばこれだけです。だから、皆さんどうかおいしいラーメンをいっぱい作ってください。そうすれば、自由になれるかどうかはともかく、必ず皆さんは現代美術作家としてオノ・ヨーコや草間彌生や、ぼくのような存在になれるでしょう。

次章はいよいよ実作編です。pixiv などで絵が下手なことを悩んでいる方、是非、これを機にぼくの講義を読んでいただいて、キャンバスなどに描けば、すぐアーティストになれるかもしれません。

第三章　実作編

自分の手に持っている職で金を儲けるには種も仕掛けもない。自分の持つ正義への忠誠心に忠実に生き、こつこつとモノを創造し、社会に問い、そしてその問いかけに対しての評価が下る。良い時も悪い時も、自分の正義に忠実であってそれが社会から信用を勝ち得た瞬間しか儲けを手に入れることはできません。

前章では鑑賞編として絵画の見方を話しました。難しい話になってしまいましたが、そもそも、今回の本でやりたいのは、雑誌などの芸術入門や絵画の紹介とはまったく別のレベルでもう少し込み入った話をしたいということでした。難しいと思うのは当然です。ただ鑑賞編はあくまで、鑑賞方法の講義です。作家になるためのあれこれを言っているのではありません。

作家になる人とは究極的にいえば、「運を摑《つか》める人」ということです。誰でもなれるが誰でもなれるわけではない。運と本人の圧力が問題となってくる。その点も含めて、この章ではアーティスト養成ギプスともいうべき実作編を講義します。アーティストになりたいという人は、しっかりこの章を読めば得るものは大きいはずです。

絵を作る

ぼくの作品、ぼくの絵画の作り方を説明します。まず、前章のおさらいをしましょう。絵画を観る時にどう観るか。

①構図
②圧力
③コンテクスト
④個性

この四つがありました。

一番目の構図について作り方をお話ししようと思います。

構図をどう作っていくのか、ドクロがいっぱいあるような作品（『私は知らない。私は知ってる。』）を作りましたが、これはバーゼルのアートフェアでも大きく評判になりました。後から、他の作品についても一つ一つの過程をお話しします。その前に、ぼくがどういう風に構図を作っていくのかということを実際にお見せします。

コンテクストと個性

なぜ、ドクロを描かないといけないのか。コンテクストにおいて、ドクロの作品は、西洋のアートシーンでは「死」の象徴です。個性としてはアニメ風のドクロの図像を描く。西欧だとダミアン・ハーストでも誰でも結構おどろおどろしく描きますから、ぼくはドクロをコミカルに描きました。

③コンテクスト——西洋のアートで重要な死
④個性——アニメ、マンガ風味、ドクロの図像、ダミアン・ハースト、おどろおどろしい

まず、四角い画面で、構図を作るいちばん大事なことは何か。サッカーでも新体操でも何でもそうですが、ピッチ

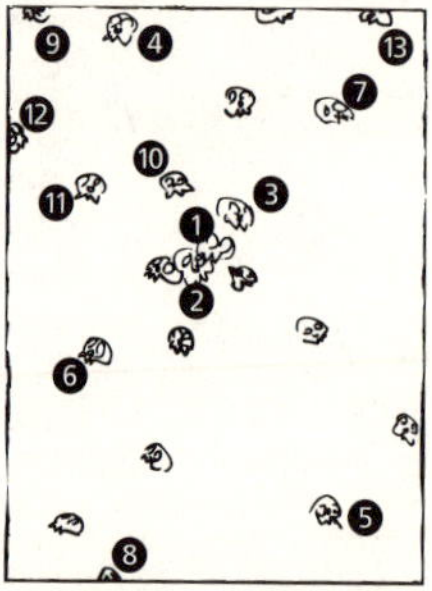

図3-1

というものがあります。競技場の四角があったら、その全体を使う。全部使って大きく見せるのがスケール感を出すいちばんの方法です。

この四角のフレームの中で、できるだけ大きなスケール感を出す。ドクロを使って「死」というコンテクストをどうやって表現したらよいのかを考えた時に、まずは画面いっぱいにドクロを描きます。

図3―1を見てください。今、ぼくは真ん中に描きました❶。二番目を描きました❷。三番目❸、四番目❹、以下、❺❻❼❽❾❿⓫⓬⓭……。

こうやって、ぼくがドクロを描いている順番は、たぶん全国の美大予備校生の諸君ならなぜこうなのかということがわかると思います。つまり、この四角い画面を支配するための構図法には、囲碁やオセロと同じように定石がある。画面を支配するために石を打っているわけです。

視覚の誘導を考えた場合、まず最初に視線が行かなければいけないのは、❶のドクロです。ここがようするに絵画の中心です。しかし、絵画の中心に目を向けるためにこの四角い画面いっぱいにプレイをしなければいけない。それが構図です。

今、見るとぼくは結構ちゃんといいところに石を打っています。例えば、ぼくがこれくらい描くのに二分かかりましたけれど、二分でこのキャンバスが支配できれば天才です。おそらくマティスやピカソは二分でやっていたと思います。二分とはいわないまでも、一五分くらいで一枚の絵は完成したと思う。そこまで行くために、ぼくら芸術家というのは日々、修練している。

例えば、江戸時代の白隠和尚。絵の具が乾く時間などを含めれば二時間くらいかかったかもしれませんが、白隠であれば、だいたい二、三分で作品が次から次へとできたといわれています。

ドクロを一個一個描いて行きます。小さい画面だからぼく一人でやって、おそらく一時間もすればキャンバス全体がドクロで埋まっていくでしょう。こういう感じで次から次へとドクロを描いていく。

私は知らない。私は知ってる。

これは『私は知らない。私は知ってる。』という作品です。大きさは縦が三メートル、横が二メートル強。ドクロがとにかくいっぱいあります。

ドクロは一つ一つシルクスクリーンで増やしています。こういう大きな絵があってドクロのシルクスクリーンの版画がある。それをだいたい二人か三人体制で刷って一個一個消していく。

たぶん、ぼくの作品を実際に見たことがない人のほとんどは、簡単にマンガみたいな絵を描いているのだろうと思っているかもしれません。けれど、実際はこのようにとても複雑です。その複雑さというのは半端ではない。考えてもみて下さい。本当にマンガの絵を大きくしただけのものをバーゼルのアートフェアに持っていって売れるのかといったら、売れるわけがありません。

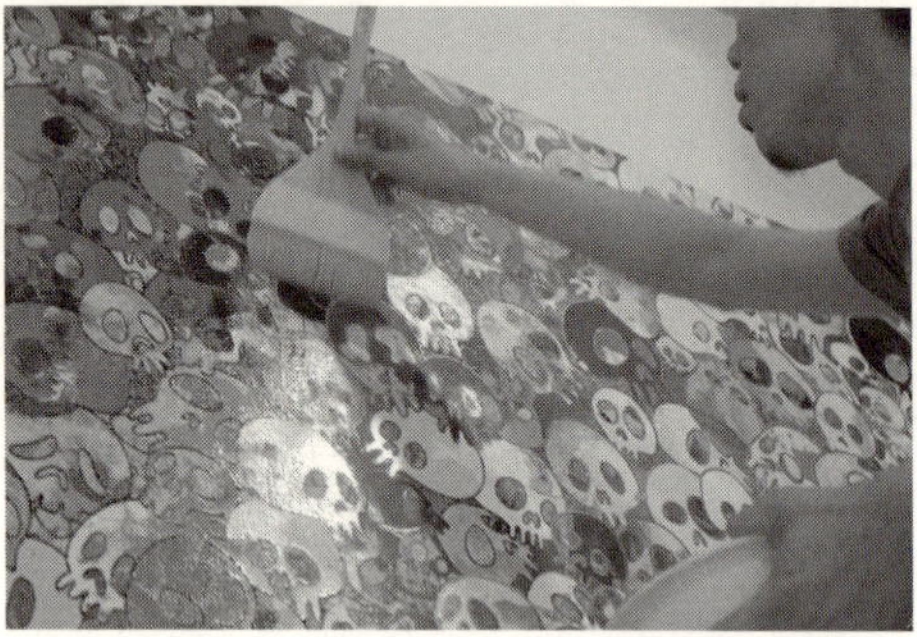

みんなで協力して
大きなサイズの作品を
作っていきます。

2010 / 1 / 10 / 23:22

❶かなり大きい作品なので白黒写真だとちょっと見えづらい。ぼくが描いたドクロの線はシルクスクリーンでもうすでに全面に刷られています。床に置いて、その上から絵の具をたらしこんでいく技法で作っています。

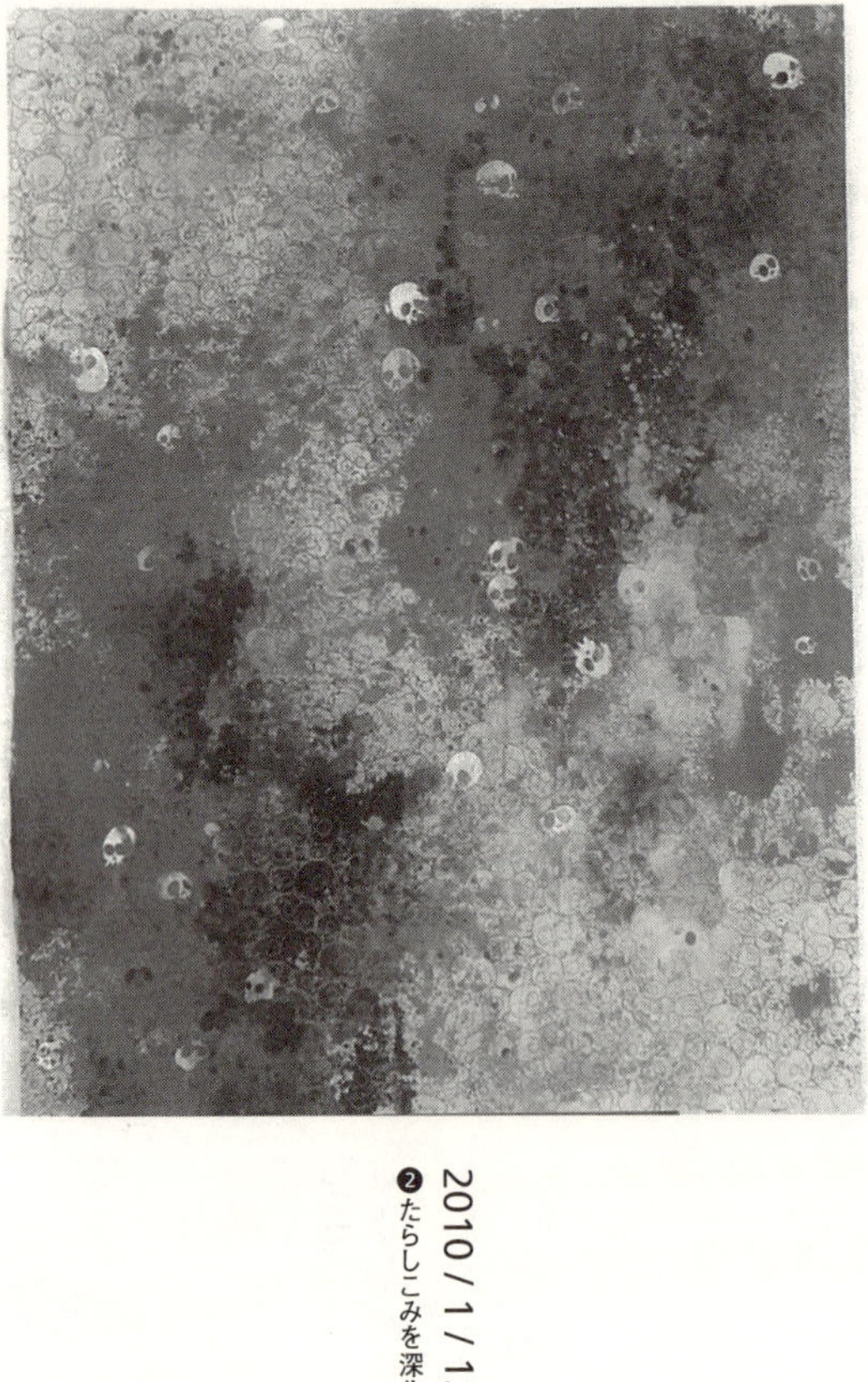

2010 / 1 / 12 / 21:41

❷たらしこみを深化させていっています。

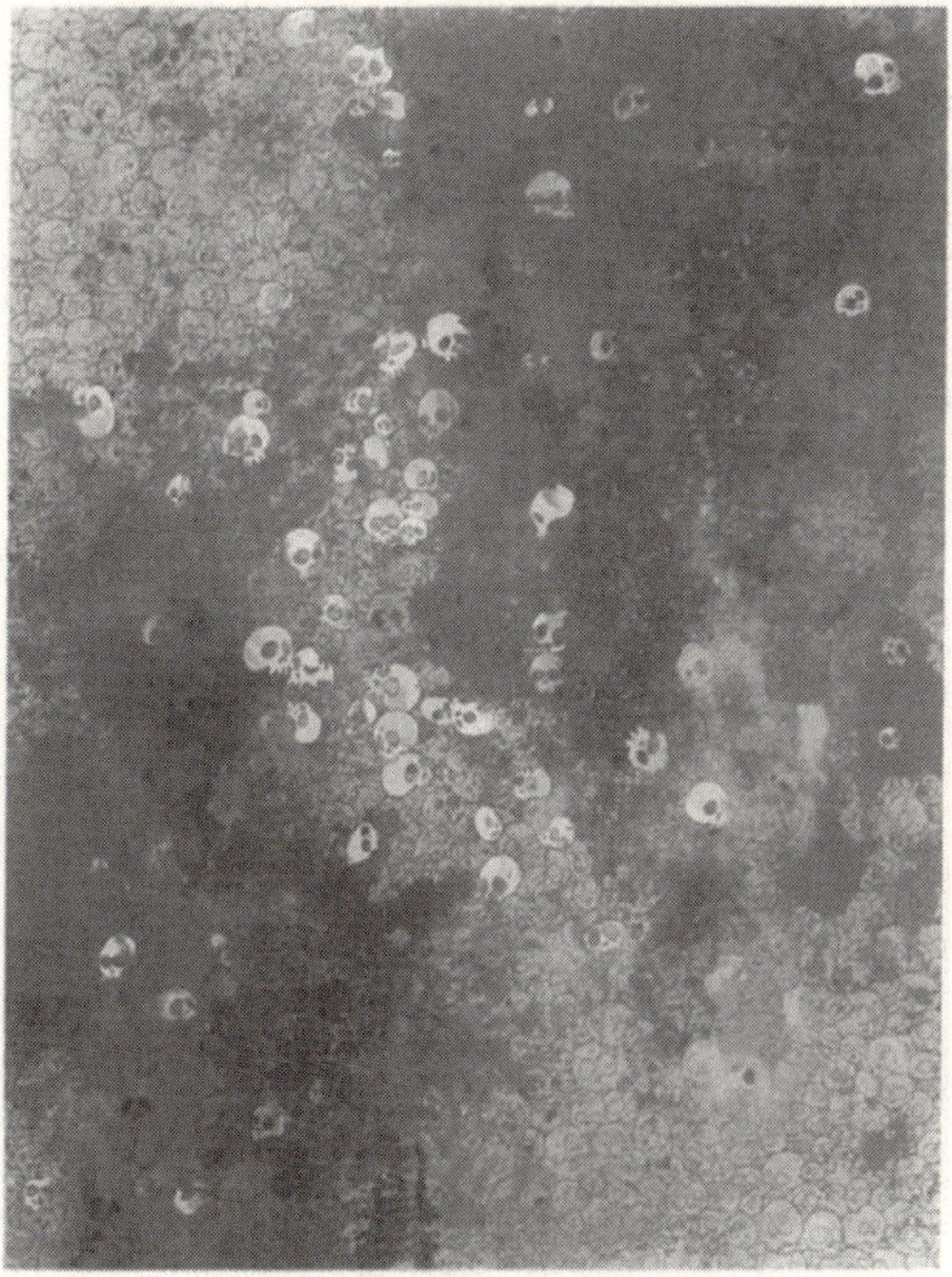

2010 / 1 / 16 / 9:22

❸ドクロ一つ一つにシルクスクリーンで色を入れはじめています。注目して欲しいのは日付です。うちは工房システムでやっているので、だいたい一枚の作品に作画監督が一人、サブが一人付きます。実制作には日替わりでいろいろな人が入ります。

だいたい三人から四人が二四時間体制でぐるぐる回す。この作品は、それで約半年かかりました。シルクスクリーンでだいたいドクロを二〇個くらい刷ったというところです。

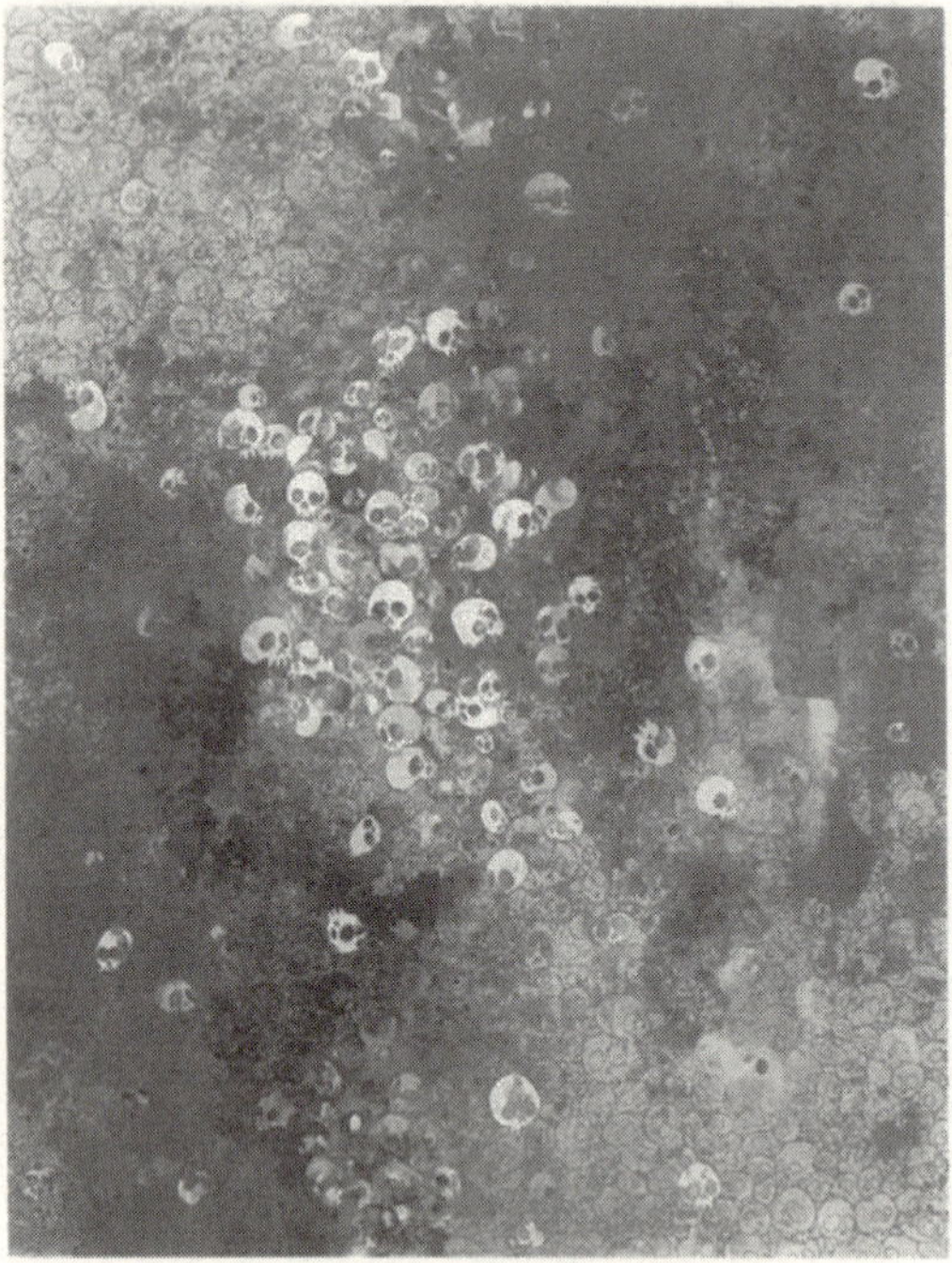

2010 / 1 / 17 / 20:33

❹少しずつドクロが増えていきます。さきほど、ぼくが図3―1に描いたのとまったく同じ構造が展開しています。まず、真ん中に視点がいって、次に周りにどうやって散らしていくかという構造になっています。

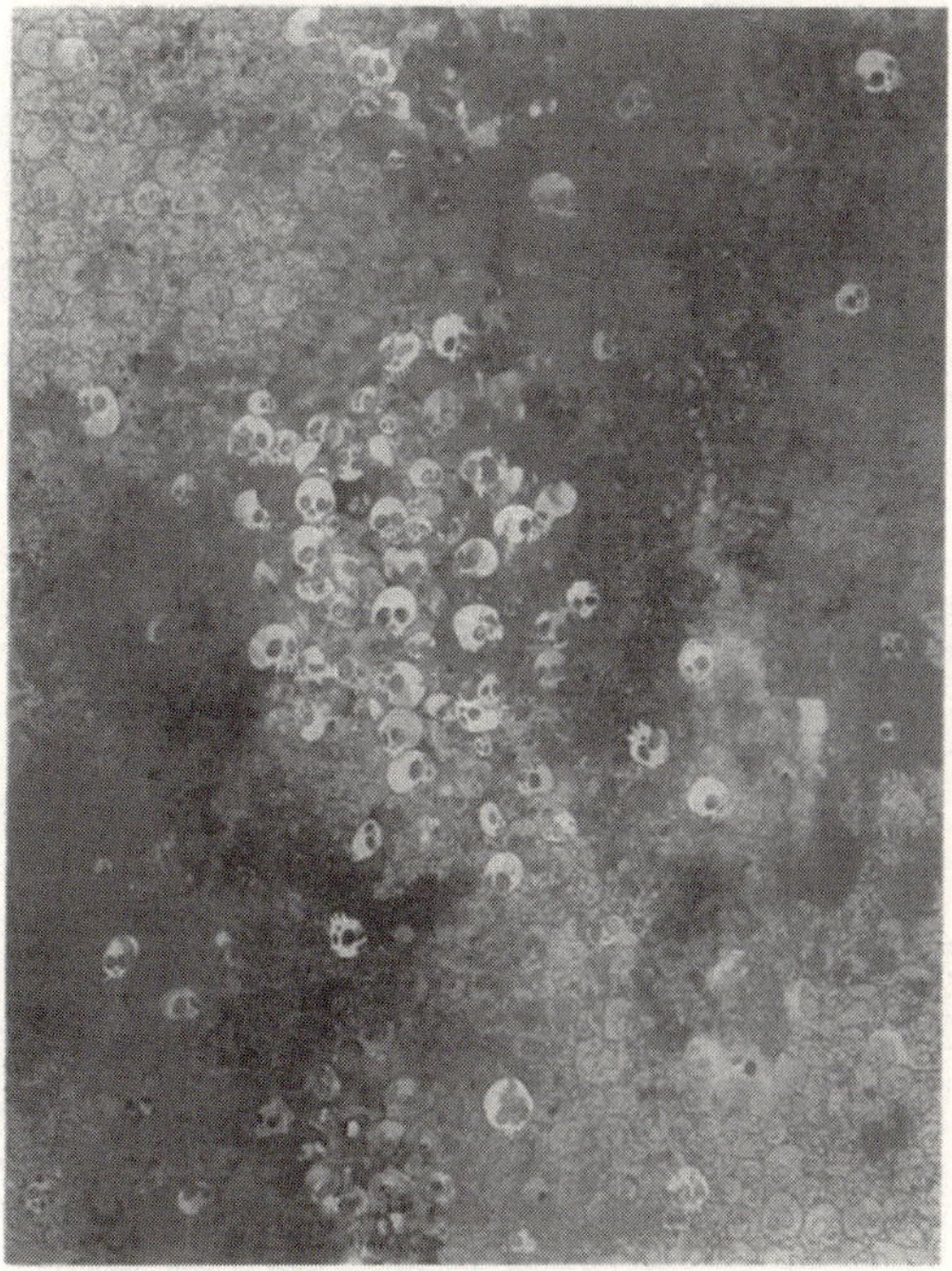

2010 / 1 / 18 / 14:21

❺どんどんドクロを増やしていっています。これはまったく囲碁と同じような感じです。構造を少しずつ作っています。

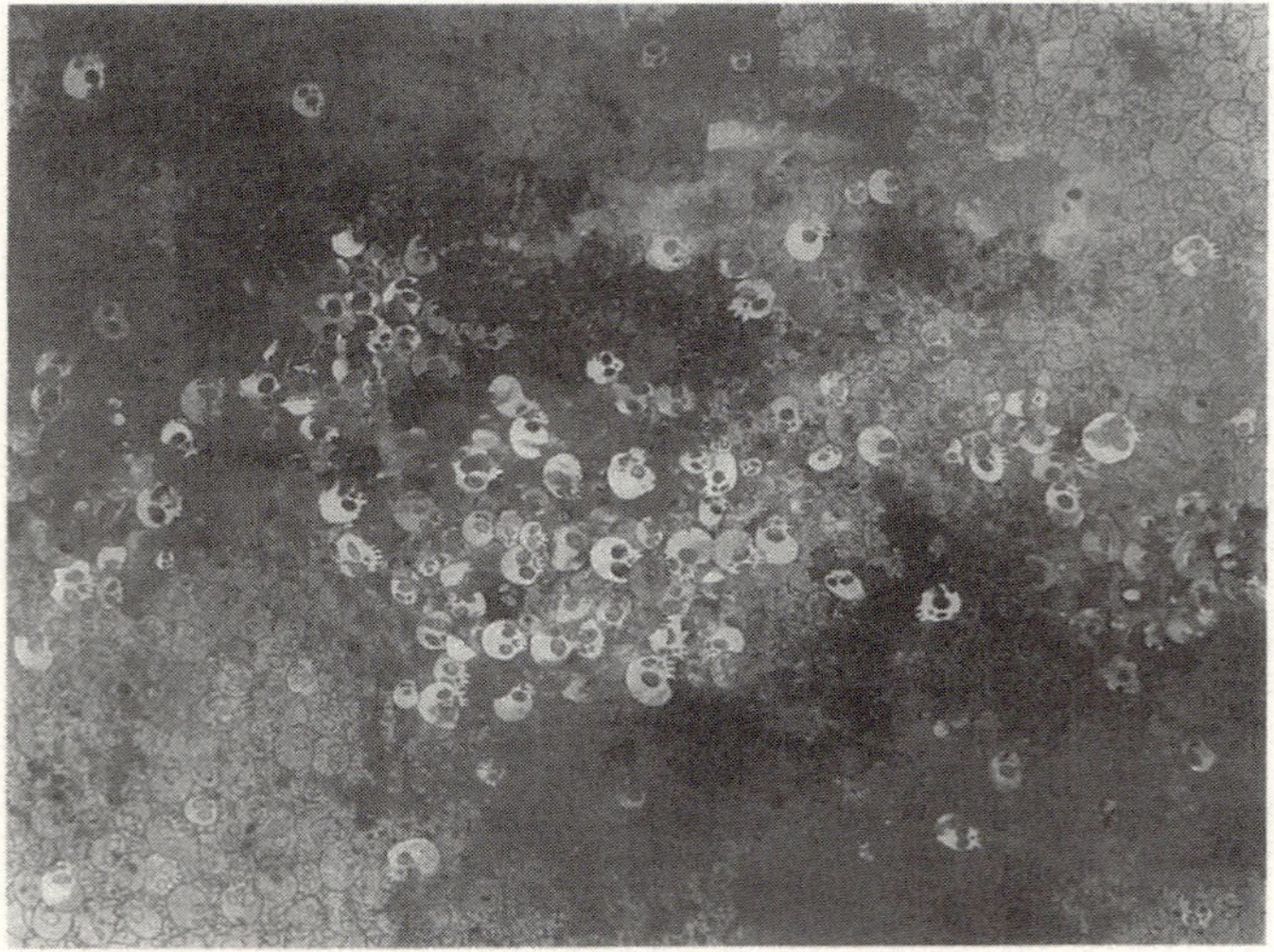

2010 / 1 / 19 / 19:04

❻もっともっとドクロを増やしています。もうすでに制作がはじまってから七日以上かかっていますね。二四時間体制でやっても一日にできる作業量が限られています。ずっとこの絵だけやっているわけではなくて複数、だいたい六枚くらいを並行して同時進行しています。だから遅々としてすすまないこともあります。

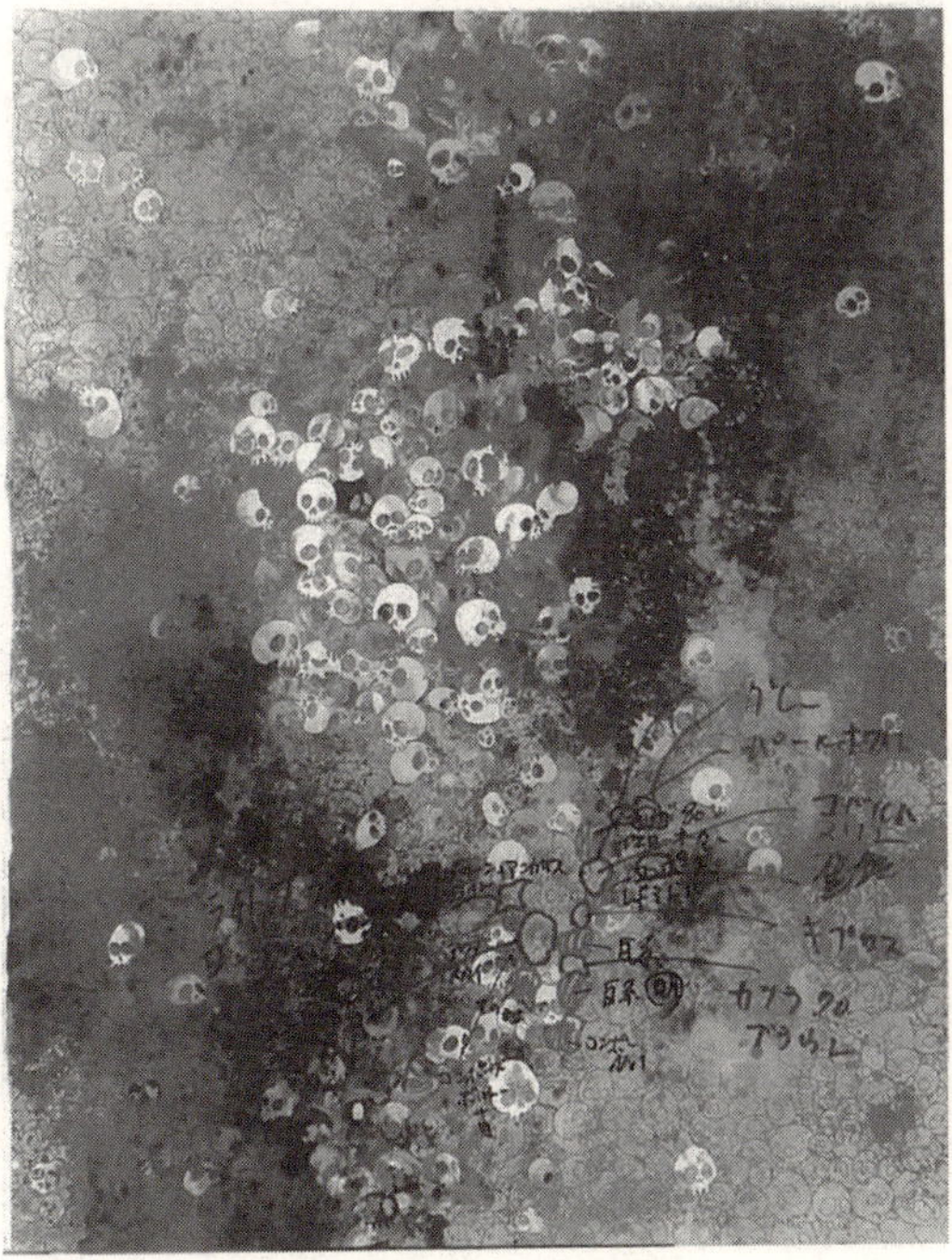

2010 / 1 / 19 / 21:51

❼指示をぼくかあるいは作画監督が書いていて、ドクロを増殖させていくさまがわかります。うちのスタジオでは三メートルと二・七メートルの作品を一回カメラで撮影して、それをプリントアウトしています。そのプリントアウトの上にOP（オーバー・ペーパー）を貼って指示を書くという方式でやっています。

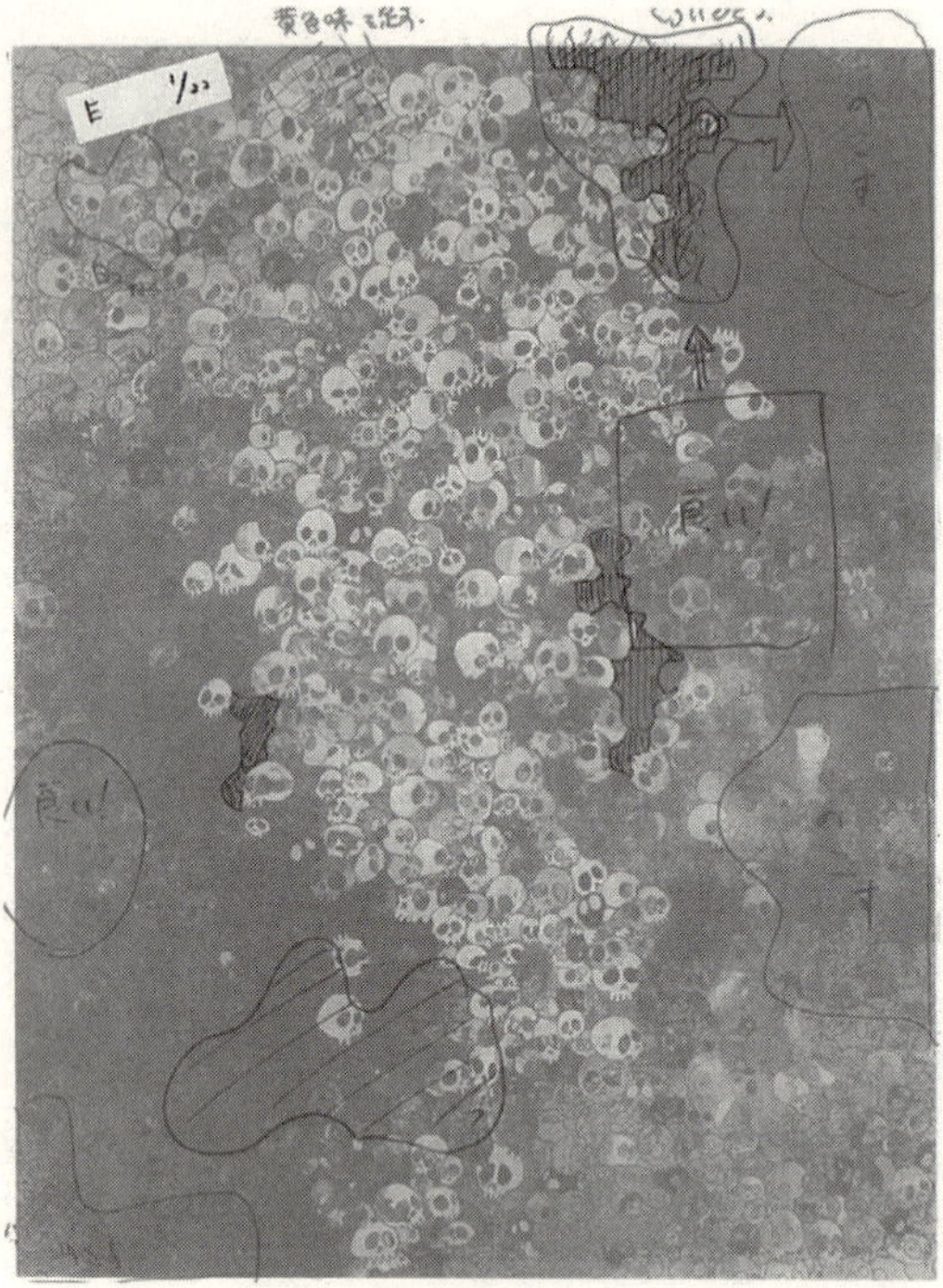

2010 / 1 / 22 / 10:00

❽何度も何度も、作品の上にトレペを貼って、修整点を見つけ、完成度を上げていきます。

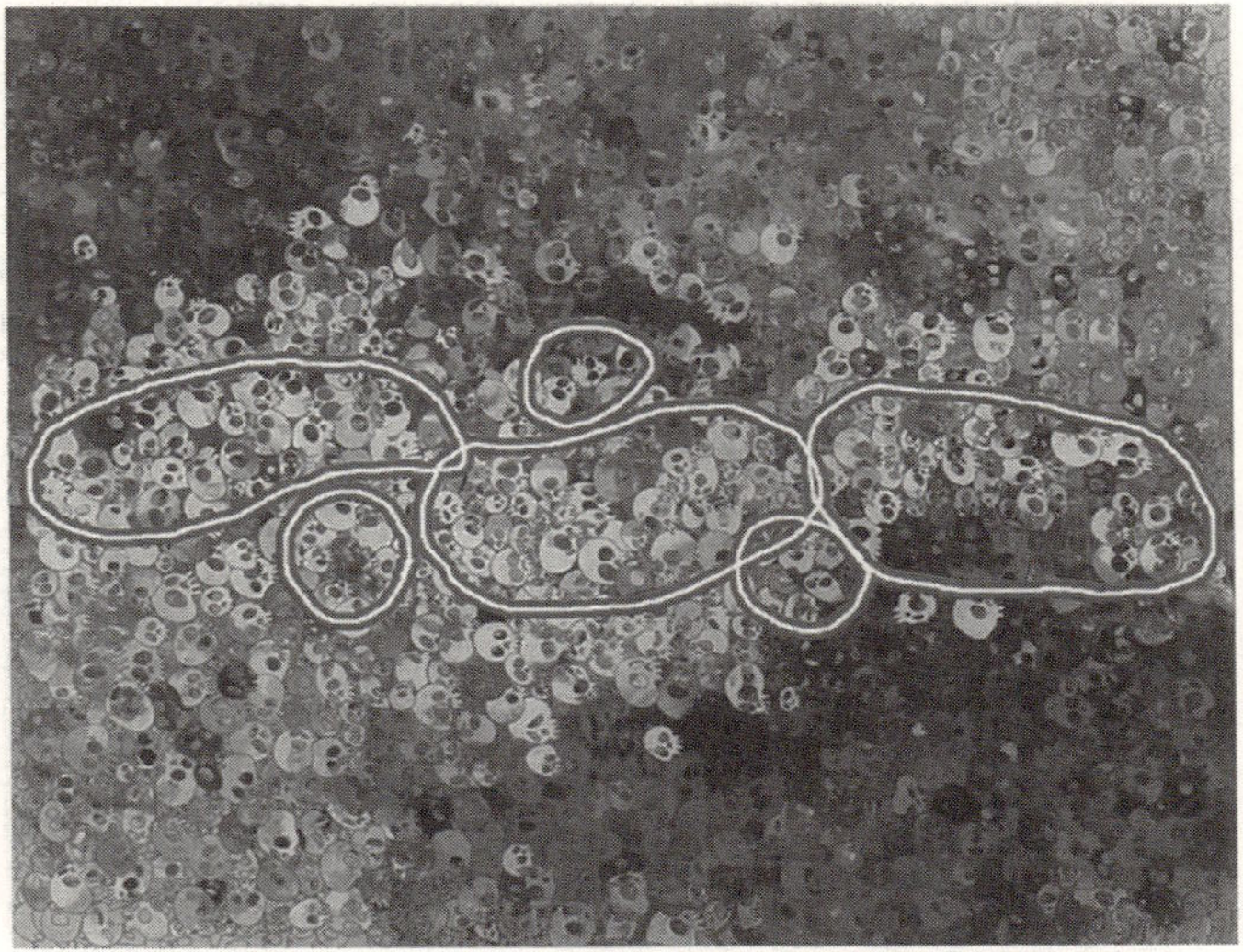

2010 / 1 / 29 / 9:30

❾これは作品の骨格、構造を明確にしているところです。ここの場面で特徴的なのは右上の方ですこし黄色い色が派生してきたことでしょうか。

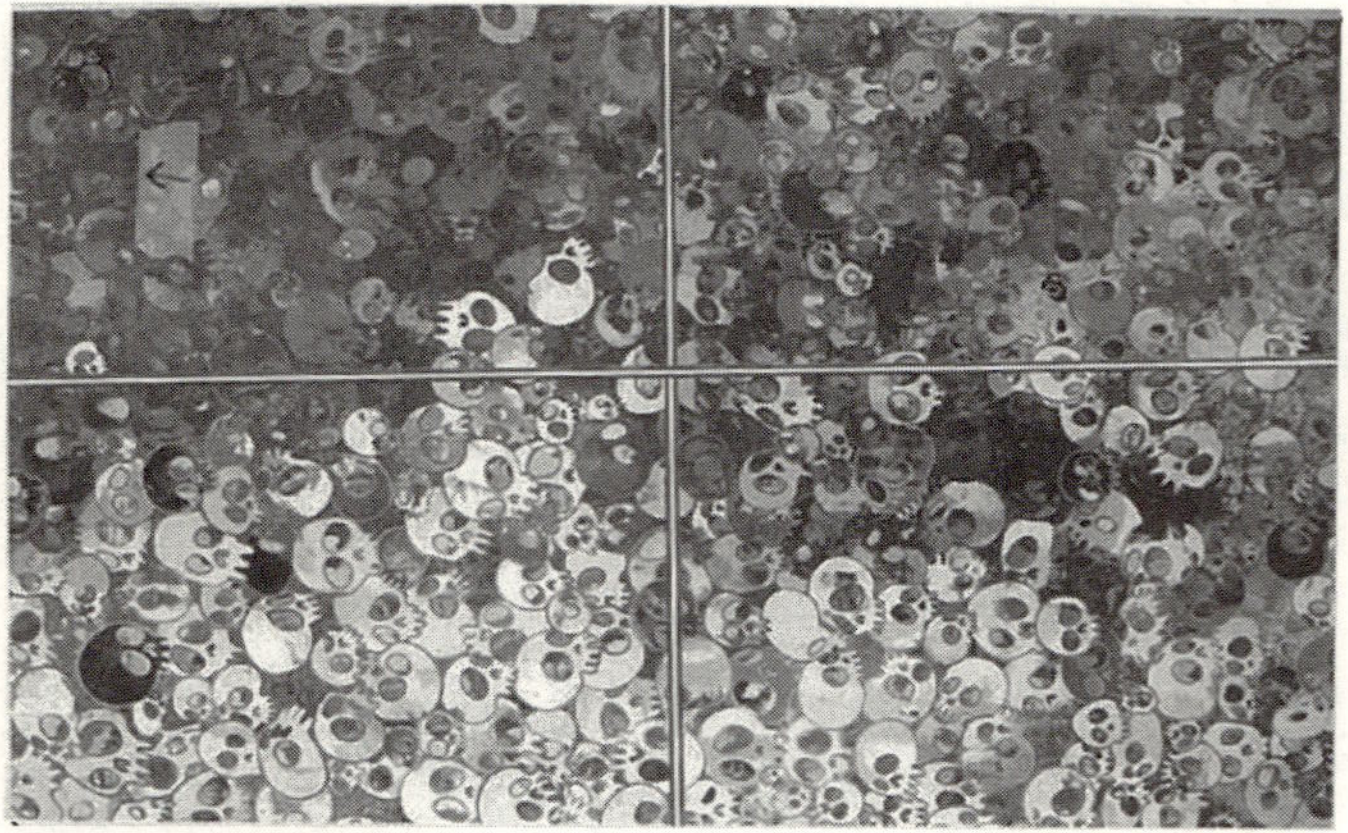

2010 / 4 / 18 / 17:30

❿これは画面右上半分、無数のドクロがあることがわかります。まだまだ完成は遠く、検討を重ねています。

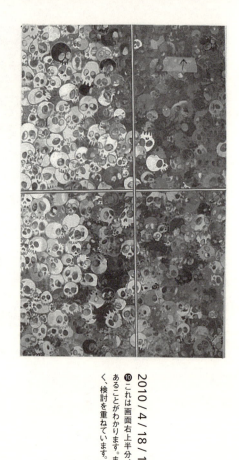

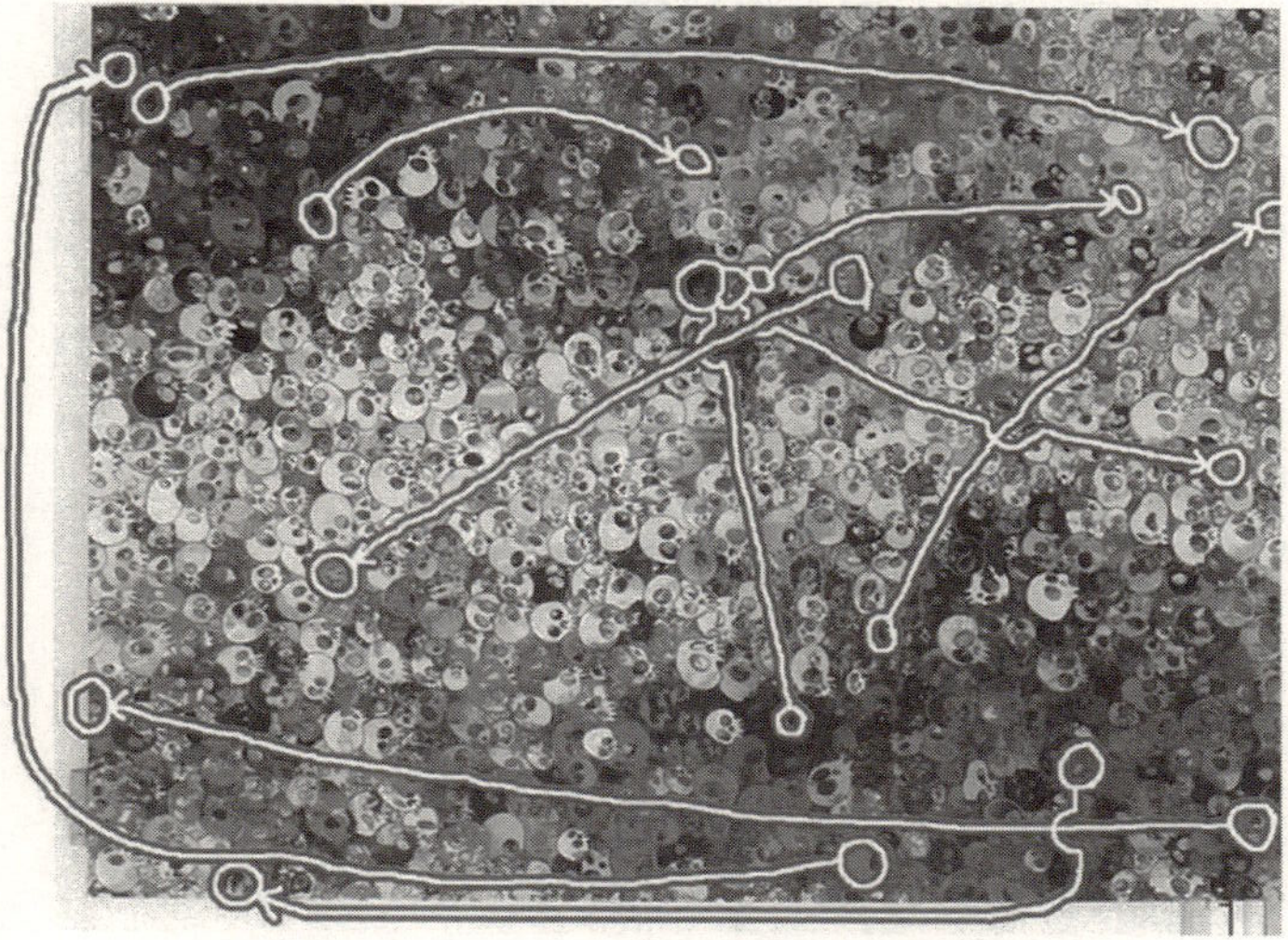

2010 / 5 / 7 / 21:40

⓫さらに細かく指示を入れています。最後まで、ぜったいに気を抜くことはないです。「これでいいや」と流したら、それでもう作品は終わりだからです。

⓬これでだいたい大きさがわかるかもしれません。右隣にあるのが作業用の出入口です。

⓭完成です。

どうも、集団での作品制作に対する無理解がいまだに根強いようです。「どうせ、自分で描いてないんでしょう」と。そういう人はアシスタントを使ったマンガもスタジオ制作のアニメも映画も認めないのでしょうか。だったら、本当の制作の現場を知らなすぎる。現実に多くの人間をまとめ、バラバラになりそうな気持ちを引き締め、最低の人間関係をも乗り越えるための作品制作への必然を心に問えるかどうか、解答を練り込み、引きちぎって現場に与え直し、作品制作スタッフ全員に行き届かせられる技術と精神力と執念。それに現場の憤りを超えられるかどうか、そこまで現場を高揚させるにも相当の技術を必要とします。そこにすべてがかかっているわけです。そういう現場でしか真の芸術は生まれない。

例えば、「母をたずねて三千里」（一九七六年一月四日から一二月二六日までフジテレビ系の「世界名作劇場」枠で放送されたテレビアニメ。全五二話）にはそういった執念

I Know Not. I Know., 2010
私は知らない。私は知ってる。
Acrylic on canvas mounted on aluminum frame
3000×2344×50.8mm
Courtesy Gagosian Gallery, New York.

が宿っていると思います。高畑勲監督、宮崎駿場面設定、小田部羊一キャラクターデザイン。三分の一ぐらい富野喜幸《よしゆき》が絵コンテという布陣の作品。何度見ても万感が胸に押し寄せる。作品作りは執念の具現化であると、ぼくは個人的に思います。それでしか時代を超えて人間に届くメッセージなどできないではないか。何があっても、現場に立って叫び続けることでしか、執念を固着させられないのです。

どうやってドクロを一個一個増やしていくのかという話に戻ります。とにかく一つ一つシルクスクリーンで刷っていきます。絵が上手い人がたくさんいれば絵を描けばいいのですが、うちは美大生のアルバイトの人と一緒にやっていて、彼らの技術はまちまちです。技術の差を絵画に投影させないためにデジタルでデータを作って、そのデータを基にして、ぼくの図像になるべく近づけるためにシルクスクリーンという技法で一個一個ドクロを増やしていきます。

前章で現代美術はベジタリアンの料理のようである、例えば一九七〇年代以降の現代美術はベジタリアンであるという話をしました。これはその正反対の作品です。これは「肉」です。

テーマそのものが、人間の死を取り扱っている。よくいわれる話ですが、絵を販売する世界では緑色の絵、茶色の絵も売れない、赤色の絵は売れるという定説があります。だから、赤色にしている。もうこれは絶対必勝を賭けた作品でした。今は、これまででいちばんうちの工房の実力が上がってきている。だから、昔からやりたかったこと、村上が考えるすべての構図法を完全に支配できる作品を作ろうとして、ドクロというテーマを選び、一個一個のドクロの構造も、碁やオセロでいう完全試合、盤面を一方的に一つの色に染めるために作りはじめました。

この作品の制作では、❶のように水彩のようにこういう形で「にじみ」を画面に作っていました。下地の上からドクロを増やしていったわけです。

作品がイラストレーションではないので、ここに載せた写真からだけではわかりづらいかもしれません。本当に大きい画面の前に鑑賞者が立つと、絵の中に包み込まれるような感覚があります。

絵を描くというのは簡単にみえますが訓練が必要です。サッカーのリフティングでええんボールを蹴っているのと同じようなものです。第一章でお話ししましたが日本の人は皆絵が上手いので、絵を描くのなんか簡単だろう、それこそ誰でもピカソではありませんが、誰でも描けるだろうみたいに思われるかもしれません。しかし、実際にはとてもたいへんな作業です。

では、またぼくの作品を見て行きましょう。

天国のお花畑。

ぼくがどうして密集しているものを描いているかということを説明します。先ほどのドクロも画面に所狭しとドクロを敷きつめました。この作品もいっぱい花があります。これはぼくの作品のコンセプトである「スーパーフラット」というのを体現、具現化している作品です。普通の絵のような単純な構造ではなくて、どこにでも視線が行きやすい。しかも、お花には目がついています。だから、この目から鑑賞者の方が見られているという錯覚も起こせます。

この『天国のお花畑。』という作品自体が、ぼくのスーパーフラットという理論を実証するためのものです。そのため、目線が常にさまようようにしかけられています。色を探したり、目の動きが錯乱したりするようにして、普通の絵画の見方ではない絵画の見方をみるものに強いています。

大人になってしまうとそういう目の動きは非常にむずかしいですが、皆さん自分たちが子供時代に遊びに行った時のことを思い出してください。原っぱに行ったり遊園地に行ったり、子供が遊びに行く時に、ぱっと目を見開いて何かを発見する時の感覚に似ている。ぼくの作品は子供が突進して来ます。子供と若い女性がシンパシーをすごく感じてくれる。それは、たぶん、視線の誘導がきわめて普通の絵画と違うからです。言ってみればそれは「幼稚」な視線ということもできるでしょう。

にもかかわらず、ぼくの作品が高く評価されている理由は、幼稚な目線を利用しながら非常に複雑な抽象表現主義などが挑戦していた構造、ジャクソン・ポロックのオールオーバーのような平面性を重視する絵画のコンテクストも入っているからです。

❶かつてお花を背景にして、ぼくの顔や他の人物の顔を描いた作品があったのですが、その顔を削除しました。その部分が空白になっています。この作品はそこからお花だけの絵を描こうとしています。イラストレーターで作ったお花の絵を一個一個パズルのように動かして一枚の絵画をデータ上で作っていくプロセスです。

❷紙面ではわかりませんが、作品の上に薄紙を貼って、ここらあたりにお花を加えろという指示をしています。

❸そのとおりデータを配置しました。

❹すこしずつ動いていますね。このお花の動きはぼくがやっています。イラストレーターで一個一個のお花を動かしてまさに構図を作っているわけです。

❺ぼくが書いた指示です。お花の色を変える指示書。お花の色を一括で変換するソフトを当時いたエンジニアが一生懸命作ってくれました。画面上でクリックすると顔の色やお花の色が変わるソフトです。お花のナンバーを書いているところです。色を変えています。色を変えるのも構図法です。強い色と弱い色があって、強い色は目を引きます。だから、いっぱいあるお花の中で強い色と弱い色のコントラストに強弱をつけて、どこに何の色があると目が引っぱられるかというのを実験しています。微妙な作業に入っています。

❻完成です。この絵の構造としては、真ん中あたりにあるピンク色と白のツートンカラーのお花が主役で、その脇にふたつ下がっている赤いお花が準主役です。そこから視線が入って上方部に行くような仕掛けが、お花の構図の中に入っています。

727

次は『727』という作品です。ぼくの代表作と言われています。新幹線に乗っていると「727COSMETICS」と書いてある看板がありますね。タイトルは、あそこから来ています。

727というのが新幹線に乗っていると必ず田んぼの中に出てくるもの、あれは何だろう。その不思議な感じ、日本の中には名前とか非常に不思議なものがありますね。ぼくは、てっきりボーイング727だから、アメリカンコンプレックスを表している名前だと思いこんでいたのですが、調べたらなんと727というのは創業者の奥さんの誕生日だそうです。こういう誤解から作品が生まれることもあります。

そこには何が、アメリカへのコンプレックスがあるので

Flowers In Heaven, 2010
天国のお花畑。
Acrylic and platinum leaf on canvas
mounted on aluminum frame
1500×1500×50.8mm

727, 1996

Acrylic on canvas mounted on board
3000×4500×70mm
Courtesy Tomio Koyama Gallery, Tokyo / Blum & Poe, LA.

はないかということで、中央にいるDOB君というぼくの代表的なキャラクターが歯をむき出しにしています。周りの雲の形状は『鳥獣戯画』とともに日本のマンガ、アニメーションのルーツとも言われている『信貴山縁起絵巻』に出てくる神様がのっかっている雲の図像です。この変わったタイトルと歴史的な雲、そしてぼくのキャラクターで絵を描きました。

二章で『©MURAKAMI』の表紙のこの絵が、高い評価を得たというお話をしました。今、構図法について述べていますが、こんなことは美大予備校の先生たちは、あまりにも「あたりまえじゃないか」と思っているでしょう。予備校で二年くらい浪人している人も、「それを脱構築することが今どきの美大受験の最先端だ」と思っているのではないでしょうか。

実は、ぼくもそういうふうに思ってきたのです。ですから、この方程式を『727』という作品を描いた一五年くらい前から封印していました。それ以来、すべての作品を、こういう構図法ではなくて、もっとフラットに、もっと絵画の構造を作らないような構成にした方がよいのではないか、そう考えて、前の章でみせた銀色を背景にキャラクターだけを描いた、構図法をあえて無視したような作品を作ってきました。

けれど、最近のぼくの中での発見は、ぼくがどれだけ作品をコンセプチュアルに展開していっても、結局、この『727』の人気には及ばないということです。『727』のような予備校的な構図法でやっていったものがいちばん人気で、もっと凝った構図法を駆使した作品はどうやっても二番人気でした。ぼくの名前を高めてくれたのは、その二番人気のものだったわけですが、それでもこの『727』を超えることはできませんでした。

では、というので、一度遡ってこの予備校的な構図、文法で作品を作ってみようというのがここ二年くらいの挑戦です。それがさっきのドクロの作品やお花の作品になっていきました。その構図法のいちばん代表的な作品が『727』なのです。

それでは、具体的に説明していきましょう。

❶『727』は、縦が三メートル、横が四・五メートルの三枚パネルの作品です。これはぼくが作品を作りはじめて迷ってしまった時にリマインドするための書類です。

「727-ED3」の進行プラン

727 ED3

現状

↓

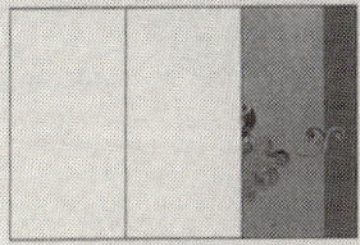

1. 右パネルの背景削り

水色と緑の色面を置いたままなので、まずはその部分を削ります。

↓

2. 中パネルの垂らしを削り

筆で垂らしを行った部分を軽く削り、ある程度フラットに整えます。

↓

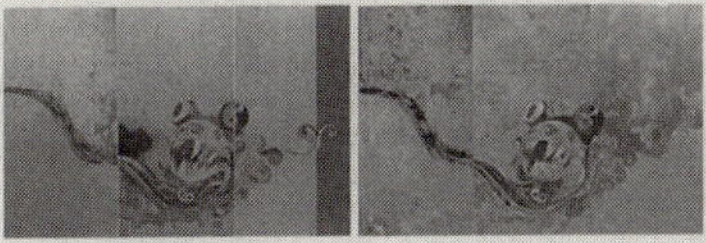

現状　シミュレーション

4. シミュレーションと比較

今一度、シュミレーションの配色と比較をして、シミュレーションの方が色のきれいな部分は、近い色味を再現するように部分毎に色を置いていき、削りながら色味を複雑にしていきます（現状だと DOB と雲の部分は色味が少なくのっぺりしています）。

↓

5. シルク刷り→削り（整える）

全体に色を何層も重ねるというより、バランスを見ながら部分的に色味を足していき、削りも行いながら仕上げていく（整えていく）ようにします。まずは DOB 部分から詰めていき、その後、雲の方も進行していきます。左図はシュミレーションを基にして考えた配色です。

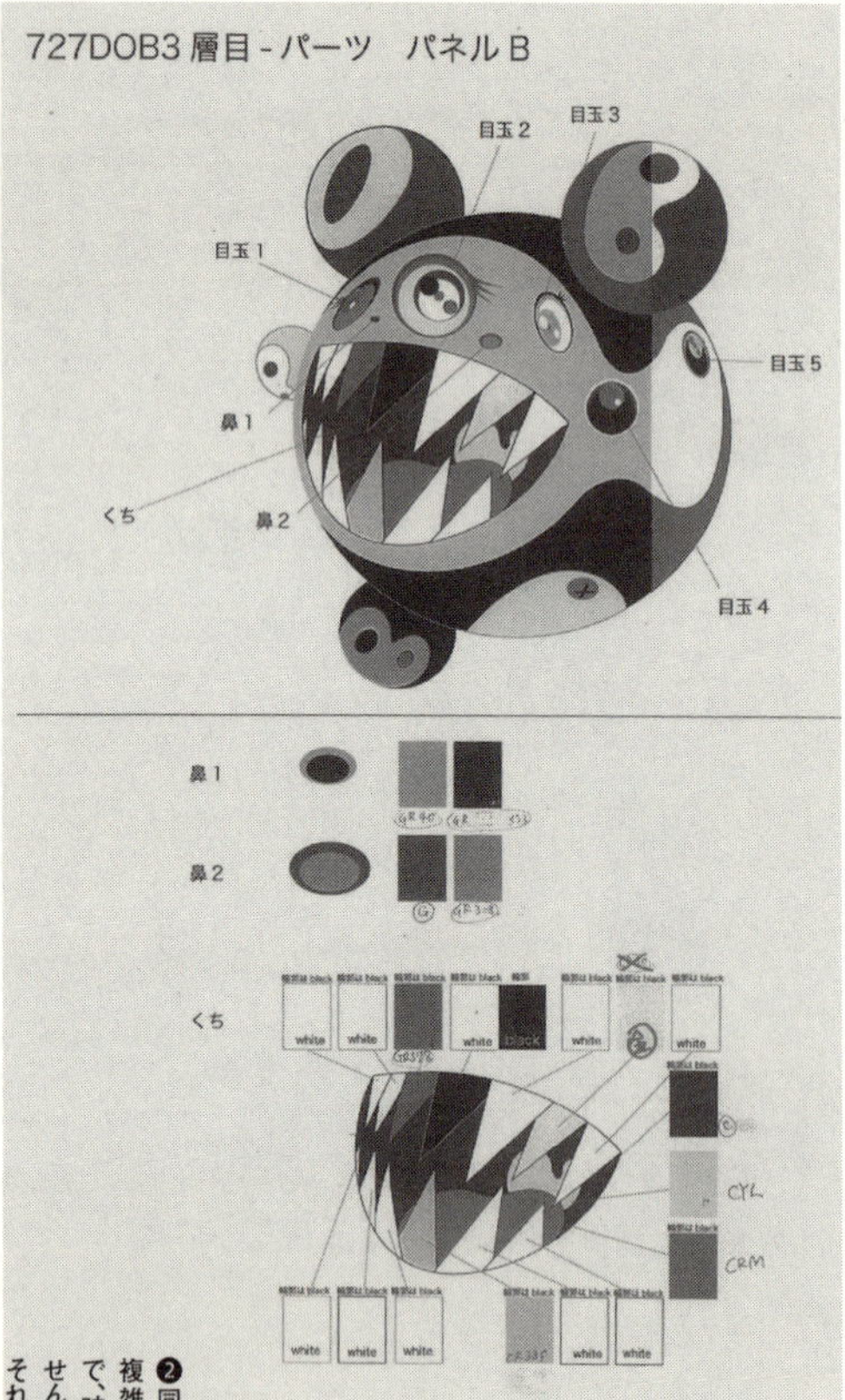

❷同時進行だったりする、複雑な制作プロセスなので、時系列にはなっていませんが、パーツを分解して、それぞれをどう作っていくのかを考えます。全てデータで作ってゆきます。絵画の設計図ですね。

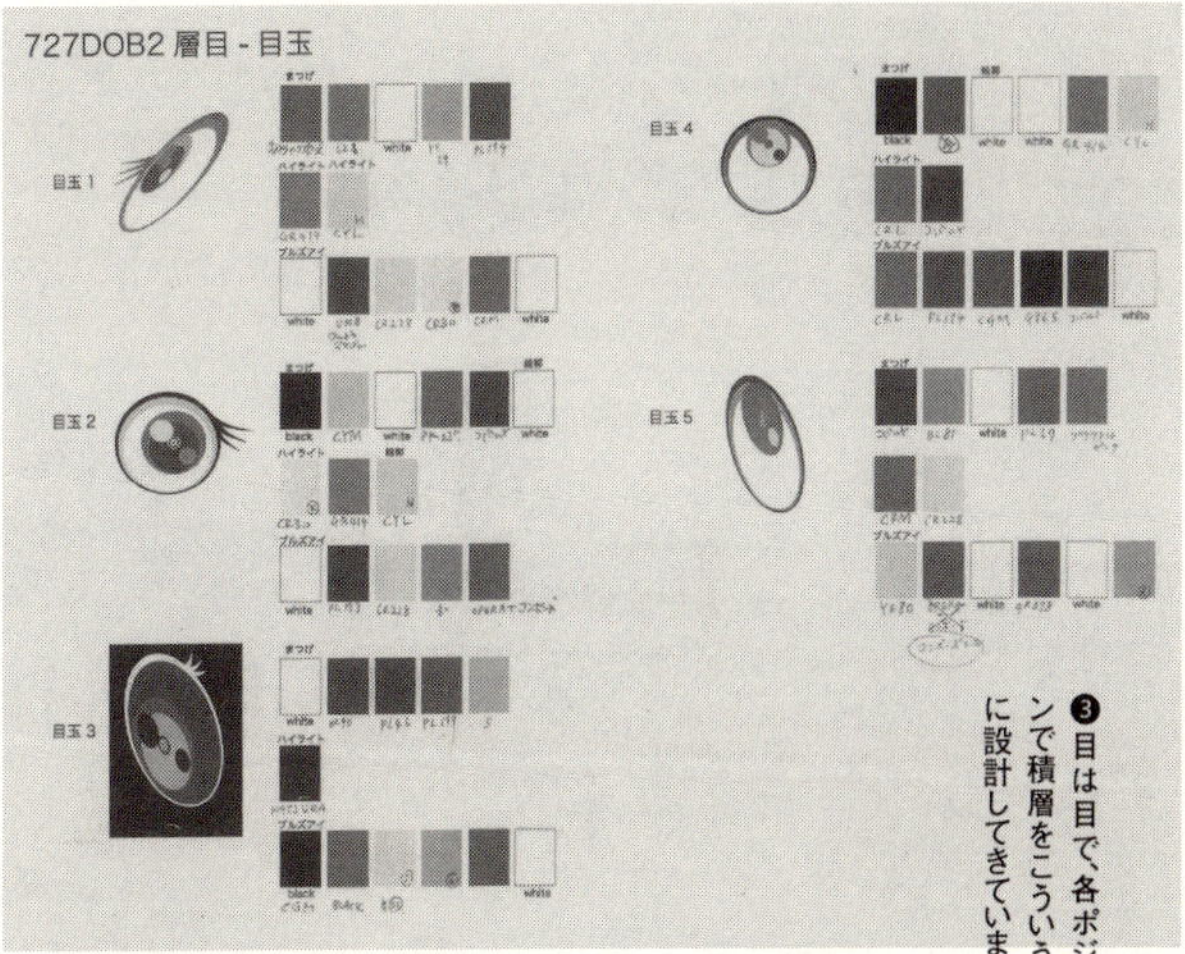

❸目は目で、各ポジションで積層をこういうふうに設計してきています。

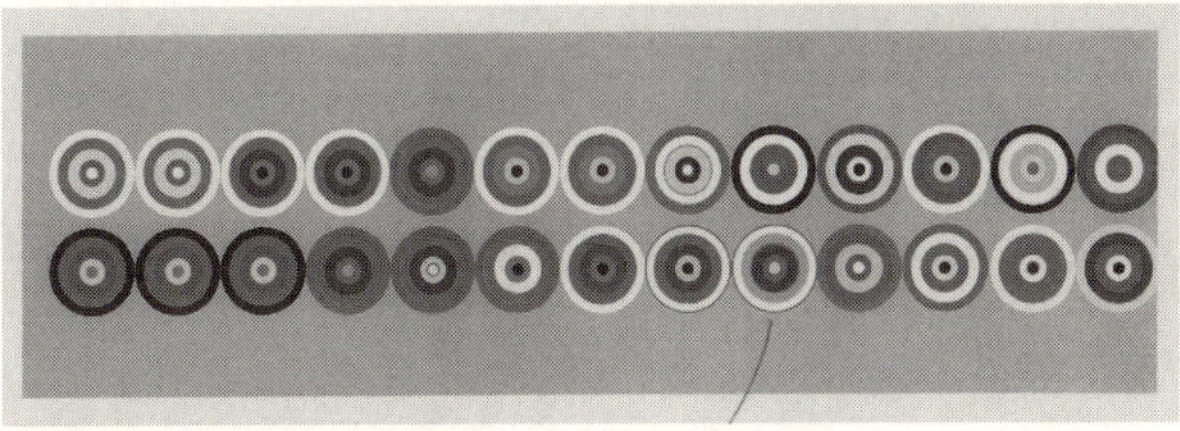

❹これは瞳の部分の積層のパターンです。

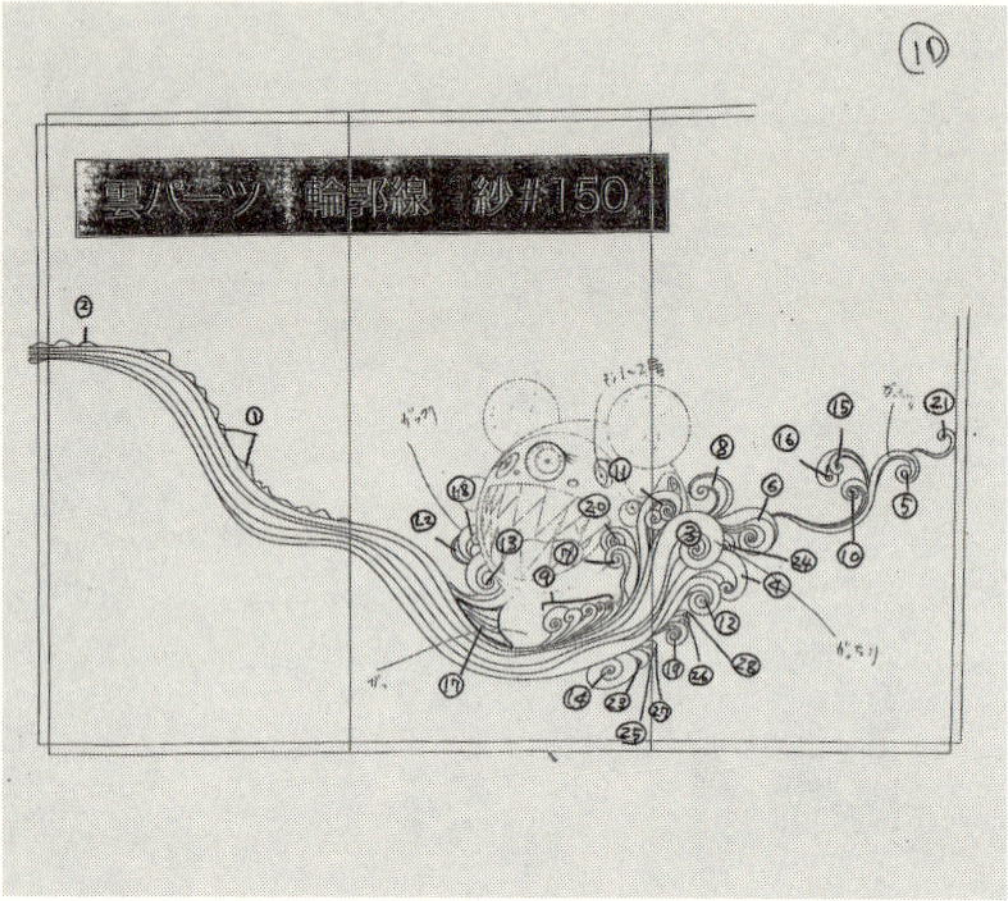

❺雲の色の設計図を作っています。

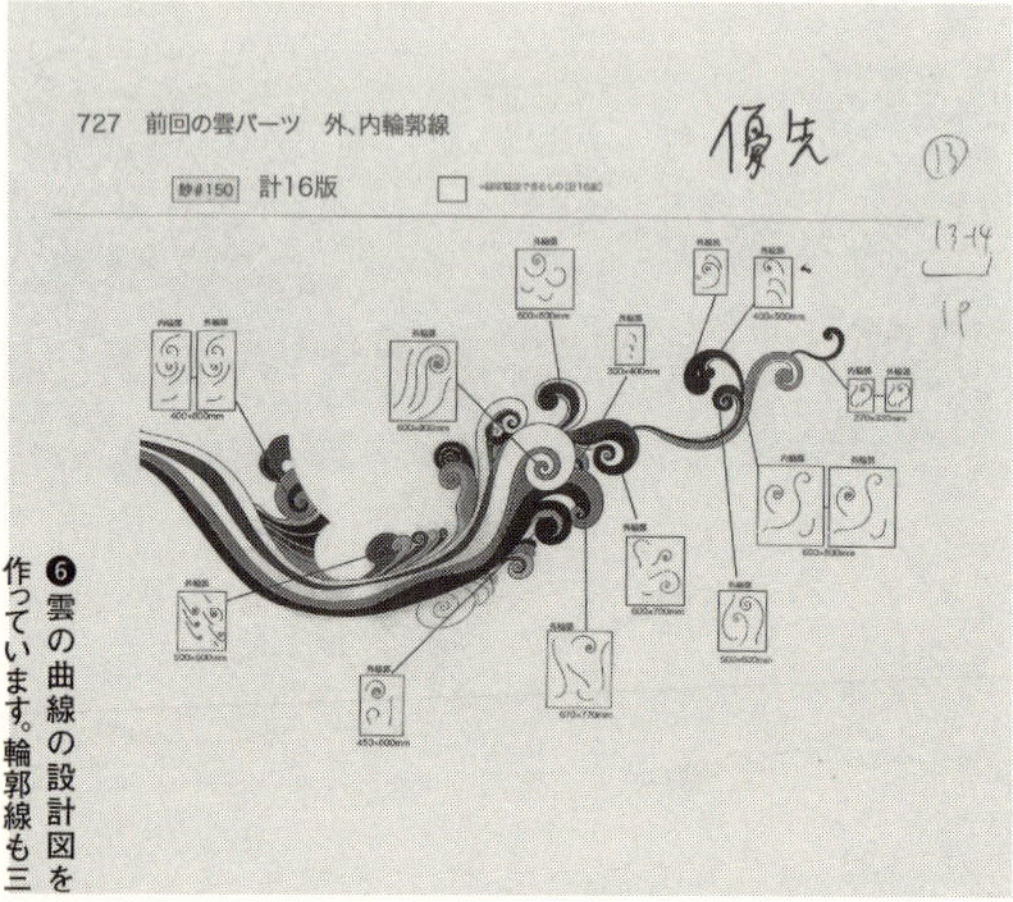

❻雲の曲線の設計図を作っています。輪郭線も三種類以上あってそれぞれ色を変えていきます。

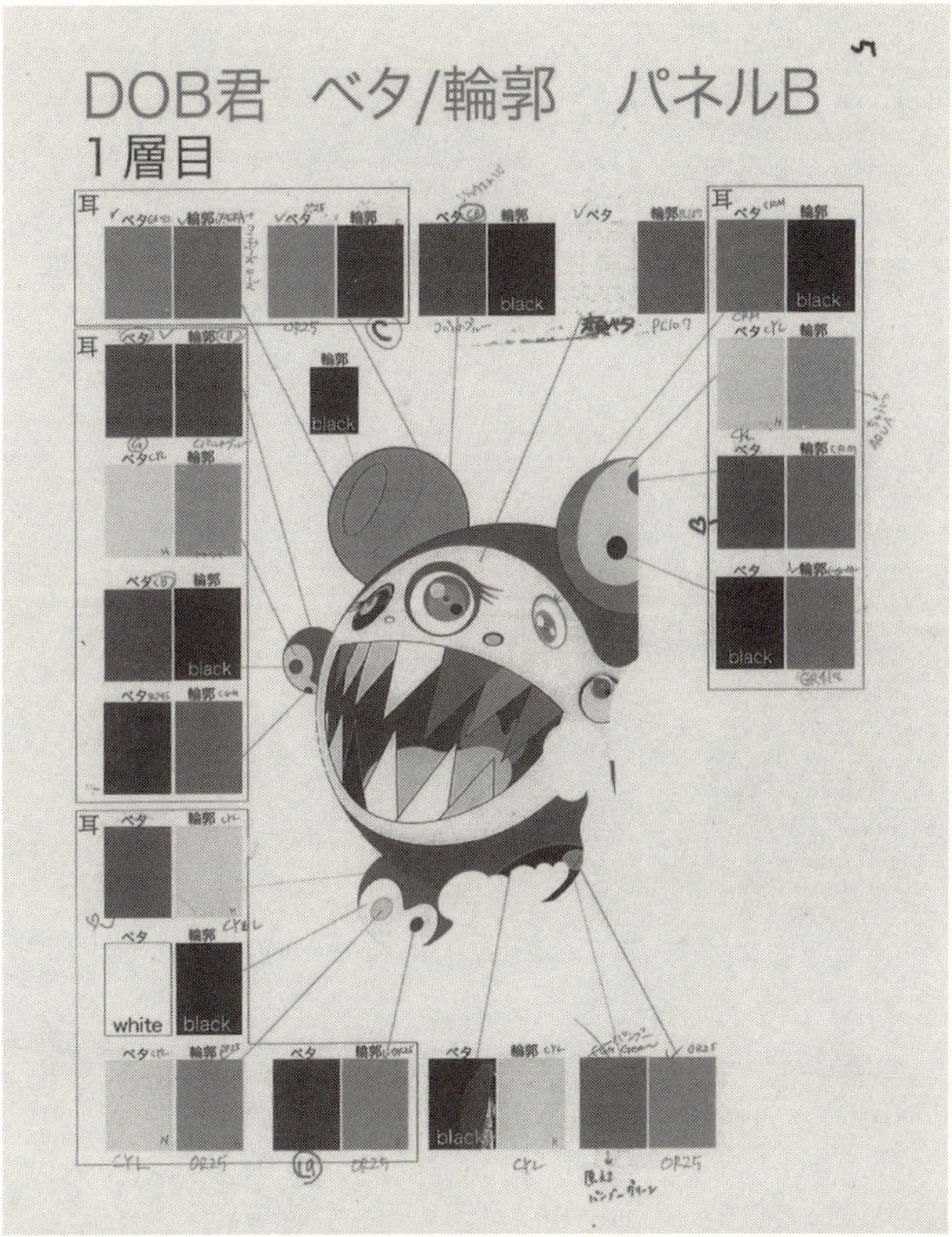

❼これは色を何層にも置いていってそれを最終的にサンダーで削るプロセスで耳のパーツ、地のパーツ、歯のパーツ、目のパーツ、それぞれ何層色を塗りましたという確認書類です。

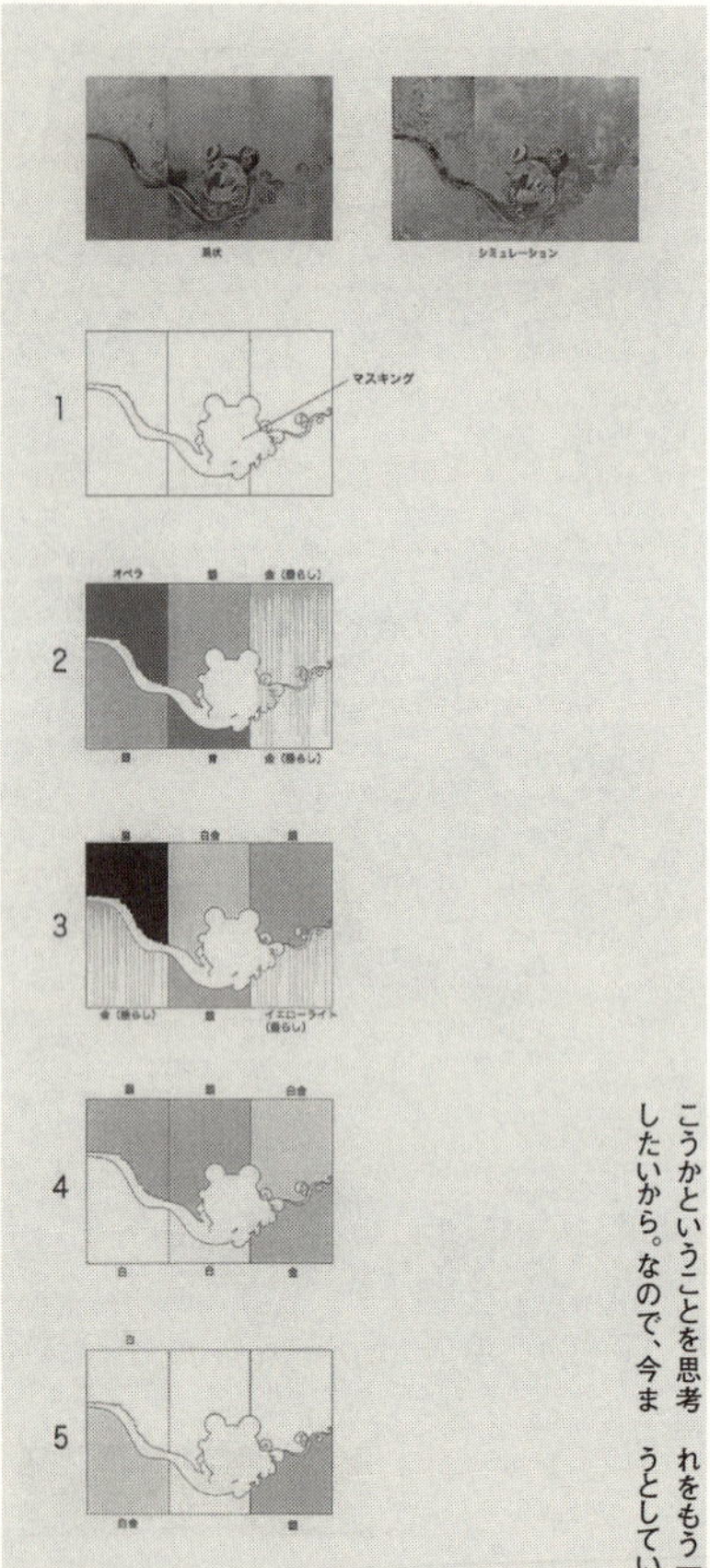

❽銀色で塗ったり、赤で塗ったりしてきました。これはアシスタントがぼくに報告してくれているわけです。それはぼくが迷ってしまって、いったいここからどうやってすすめていこうかということを思考したいから。なので、今までの経過を全部たどることによって、先を見渡そうとしている。探偵みたいなものですね。自分の絵がたどってきた形跡を全部たどっていくことで、もう一度、反芻して作品の流れをもう一回捕まえ直そうとしている最中です。

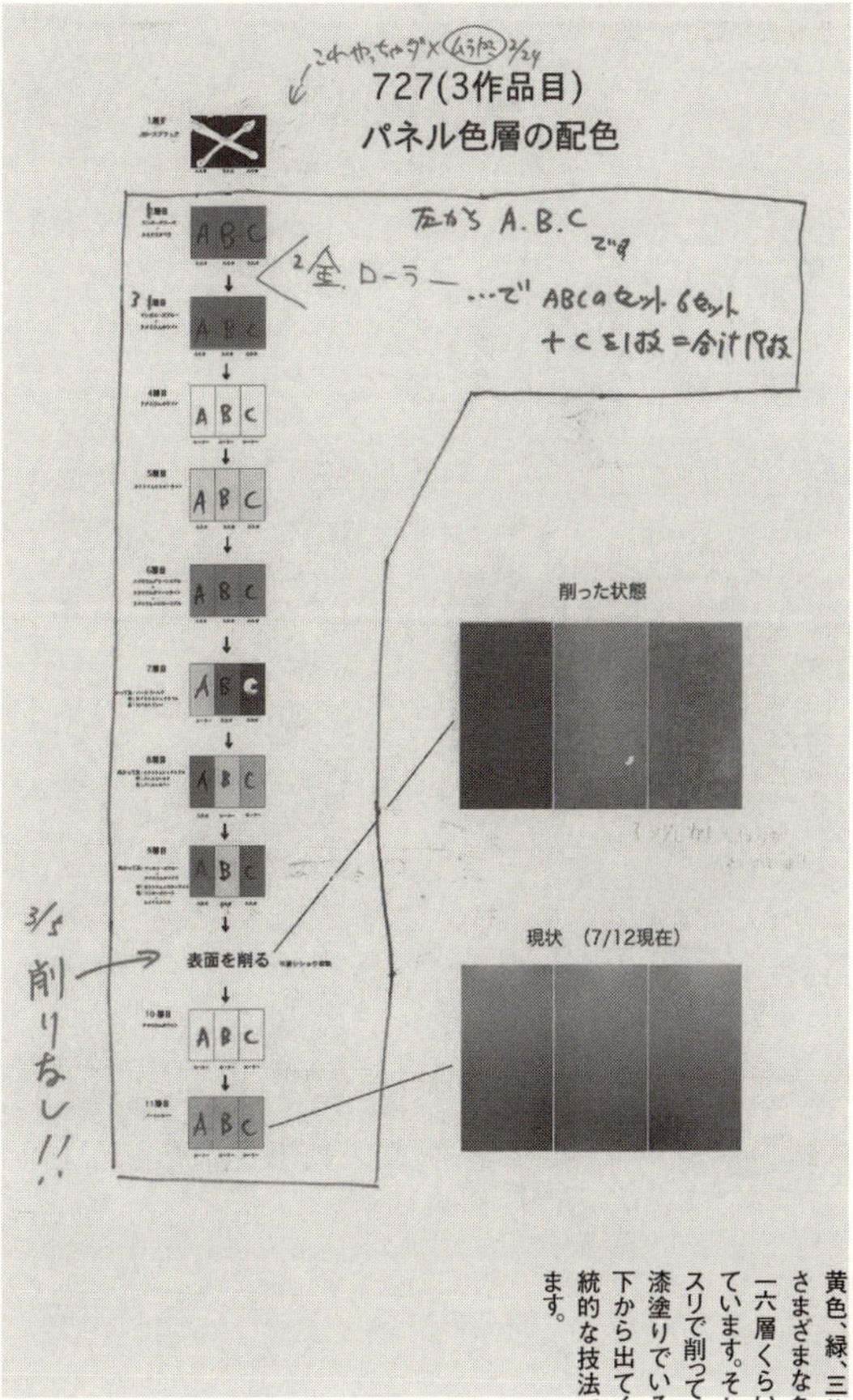

❾そもそもペインティングしている背景は今こういうふうに上から赤、青、白、黄色、緑、三枚のパネルにさまざまな色がだいたい一六層くらい塗りこまれています。それをさらにヤスリで削っているわけです。漆塗りでいろいろな色が下から出てくるような伝統的な技法で作られています。

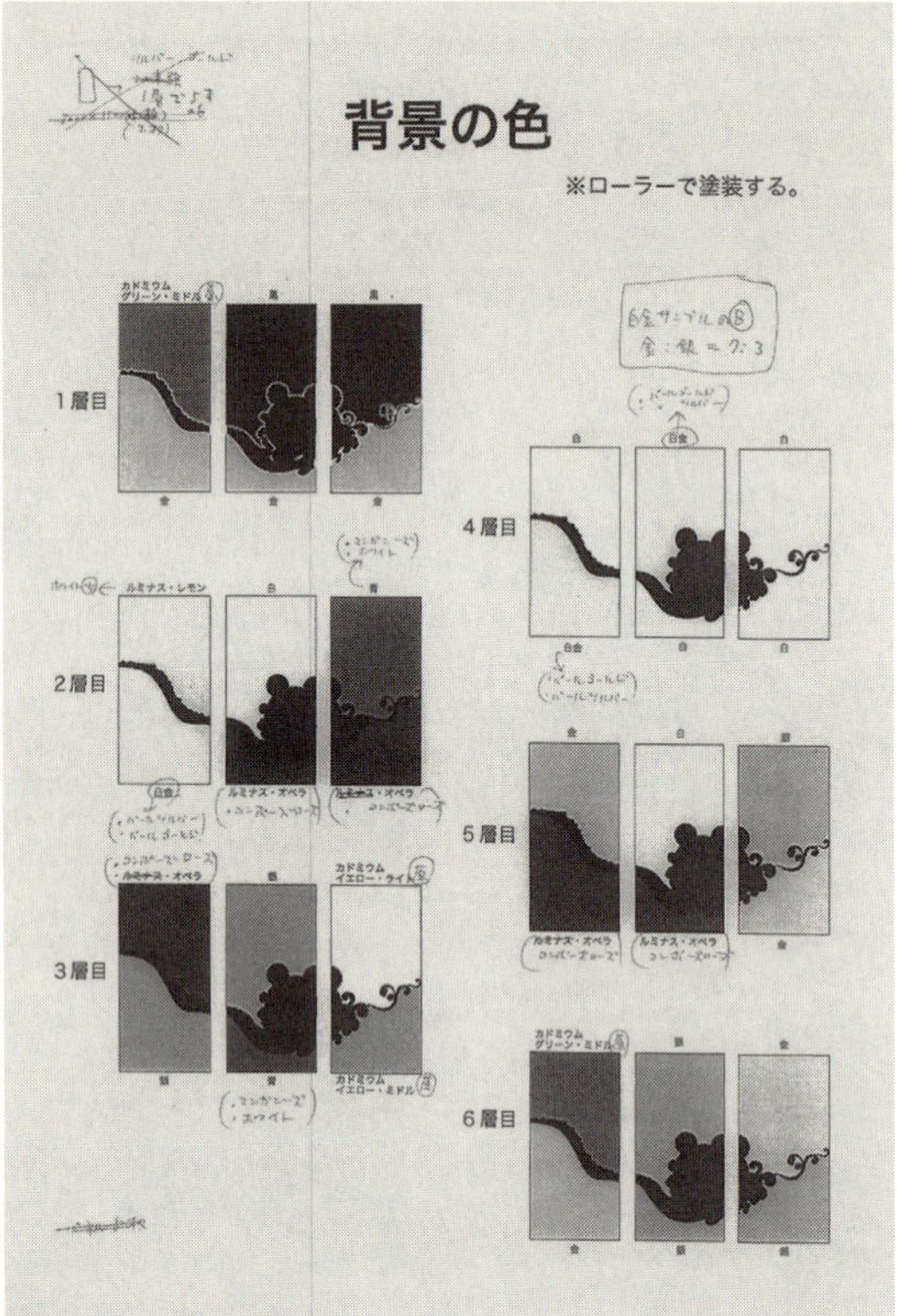

❿背景の色が黒いベタ面なので、別の色で塗れという指示書です。

⓫ぼくは図3−1でドクロのコンポジションを描きましたが、それと同じで、「マジックでこの辺りにもややもやっとした雲を作りましょう。マスキングテープでこういう形状を作って薄いホワイトを入れてみましょう」という指示書です。

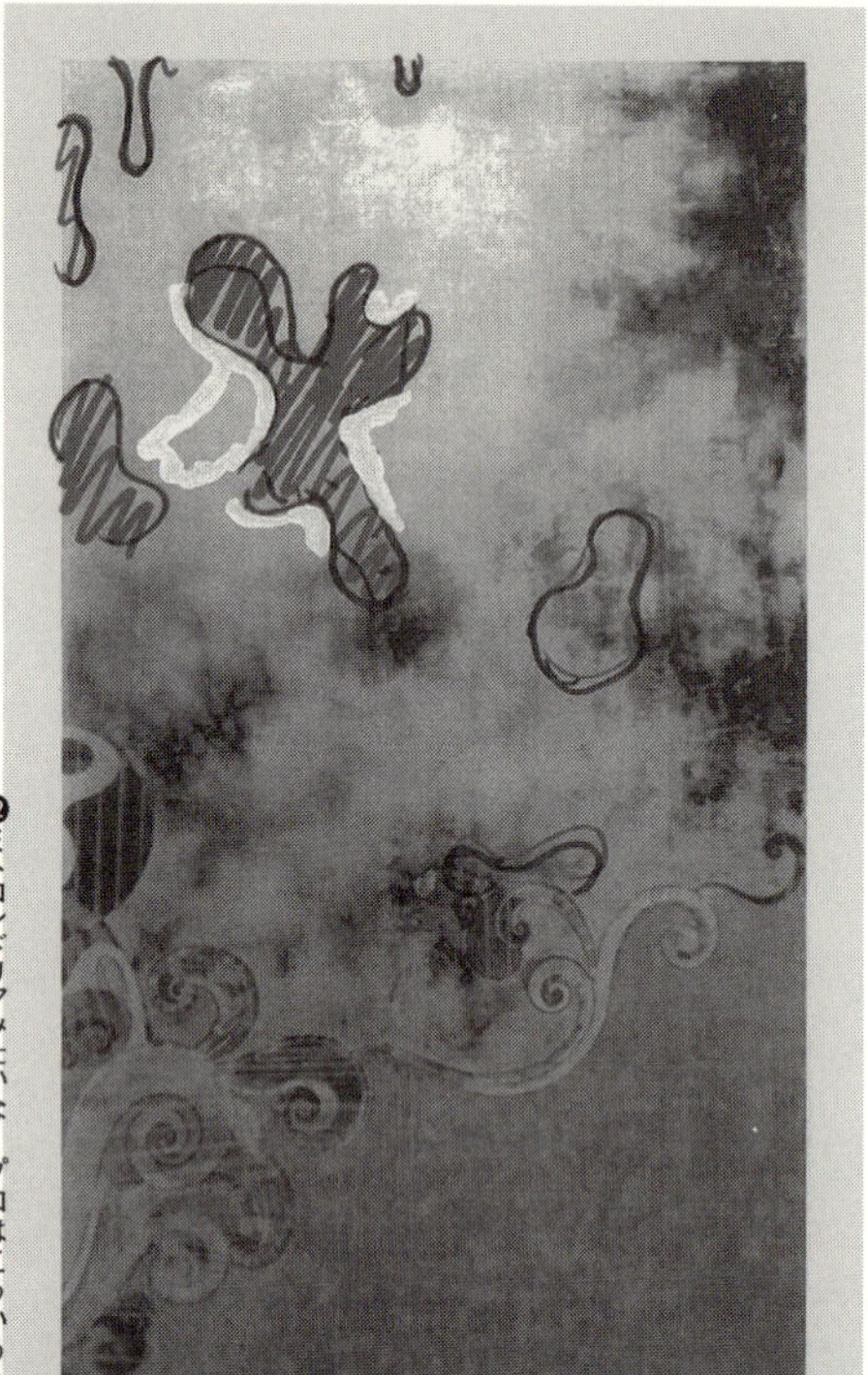

⓬ミトコンドリアみたいなものが出ています。これは最終的な絵には見えません。素人には見えないようになっています。しかし、プロはこういうものがはまっているかはまっていないかで、最終的に絵の強度がどれだけ違うのかということがわかります。隠し味みたいなものですね。マジックで指示を出しているからはっきりわかりますが、最終的な絵ではわかるものはありません。

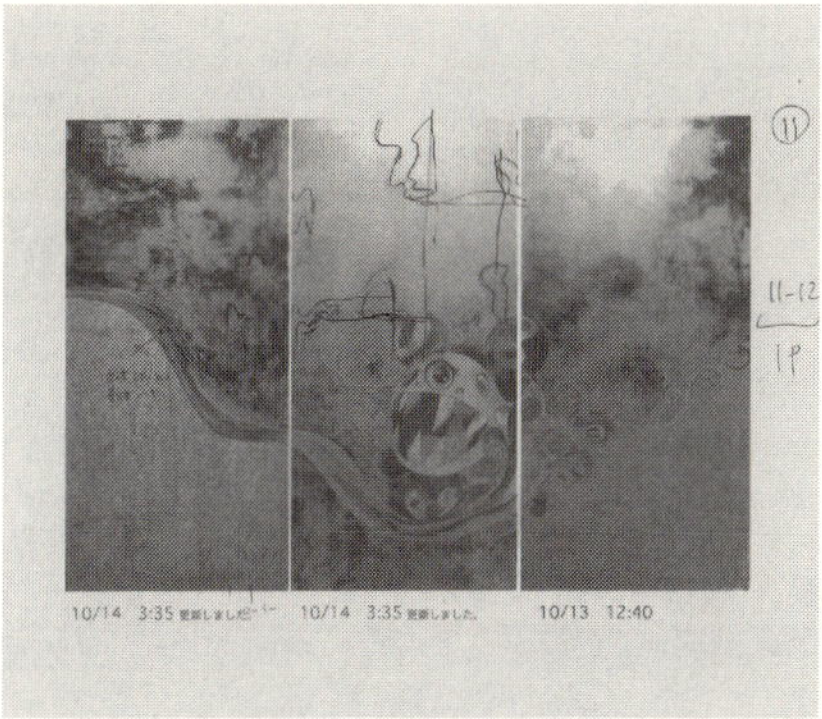

⓭さきほど指示したミトコンドリア状のうねうねしたものを反映させました。それでも、まだ物足りないので画面右側では緑色をベタ塗りしています。このベタ塗りの方法も筆でパネルをたたくような特殊な技法を使っています。

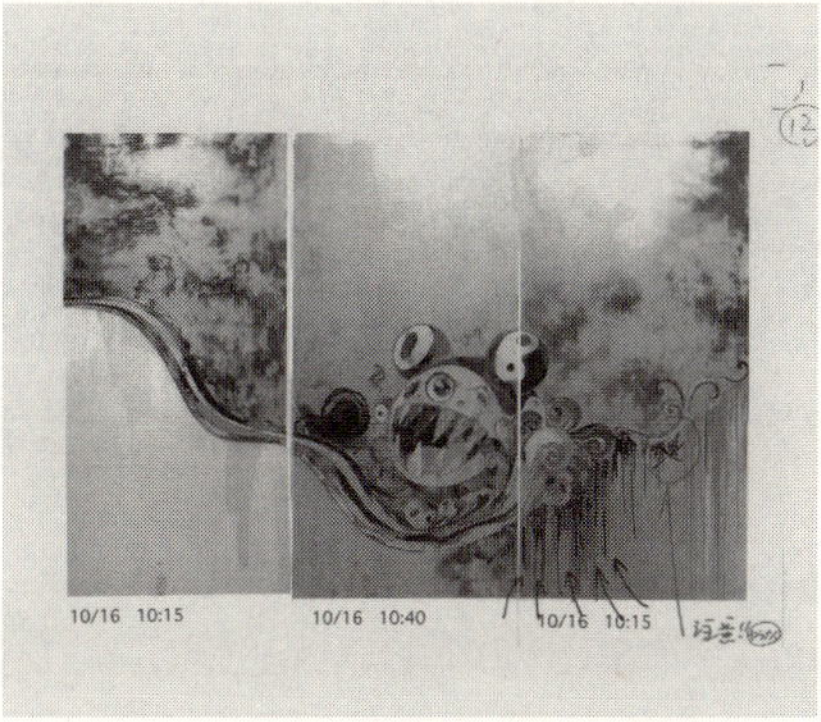

⓮段々納期が近づいてきました。完成間近になって画面に勢いがなくなってきたような気がするので、たらしこみたいなものを右の緑の上に付け加えています。

⓯完成です。

727-272, 2006
Acrylic on canvas mounted on board
3000×4500×50mm (3 panels)
Courtesy Galerie Emmanuel Perrotin, Paris & Miami.

わかってもらいたいポイントは、隠し味やらいろいろな設計図をもとにして、二〇人くらいのアシスタントと二か月間かかって描いているということ。その間の伝達のプロセスと実際に描く上の混乱みたいなものをご覧いただけたと思います。

『727』という作品は全部で三シリーズ、三作品あるんですが、さる高名なコレクターがどうしてもこれが欲しいと、しかし、これそのものではなくてこれのシリーズが欲しい。つまり、これと似ているけれど違う作品を描いて欲しいというリクエストがありました。

それに応えているのですが、自分としては何枚も同じものを描くのはちょっと耐え難い。そのために変化を過剰につけようとしてしまって異常に時間がかかりました。コレクターにもコレクターのランクがあって、このコレクターはランクが上。もちろん価格もどんどん上がっていきました。そのコレクターさんに合わせるために、次から次へと複雑な手立てを作品制作の中で打ち出してゆきました。ですから、『727』のシリーズについては相当大きい葛藤がありました。

これがぼくの実制作のプロセスになります。

高度な絵画、幼稚な絵画

ぼくは、よく一回描いたものを消して、その上からもう一度、描くことがあります。キャンバスに絵の具を塗るというのはやはりすごく気持ちいいんですね。この感覚というのをみんな味わいたくて絵を描きはじめたり、絵を続けたりしているわけです。特に、真っ白いキャンバスにデッサンをしてその上から絵の具を一筆、最初塗りはじめる時というのが、ぼくたち絵描きのいちばん至福の瞬間というか、興奮する瞬間です。本当は、皆さんの目の前でこういう風に絵ができましたと作画プロセスをお見せできればよいのですが、うちでは多くのスタッフが集団制作で働いていてそれぞれいろいろな業務をこなしているので、作画というプロセス一つだけを切り出そうと思うとたいへんなわけです。

構図の話の続きです。例えば、一枚の絵の中で机があってりんごがあってお皿があってぶどうがあって、子供がのぞいている。そういう画題があるとします。そういう画題でもさきほどのようなペインタリーな形で絵が描けるのかというのを試してみましょう。この作品が売れるかどうかはわかりません。なぜか。りんごにはどういうコンテクストがあるのか、子供にはどういうストーリーがあるのか、この絵そのものの画題には個性があるのか、構図は先ほど申し上げたようにペインタリーな部分で作ってゆきますが、そうした部分があいまいなので非常にわかりづらいわけです。

では、これを絵画にできないかというと、できます。まず、ぼくなら背景を黒系にするのか白系にするのかと考えます。これはちょっと白っぽい絵にしようと思ったとしましょう。白っぽい絵を想像してください。

図3―2を見て下さい。❶に目がいきますが、目の導入口は❷にします。そこからりんご

に向かって目が動くようにする。そして、お皿でぐるっと二回転くらいして、男の子に目が行くようにする❸。その後は、この絵画の画面を四方にどうやって支配するかというとテーブルのしわとかいろいろ書き込んで❹、目が下方に抜けていくように構造を作る。そして、最後には❺の辺りにちょっとしたノイズを作って最終的には目が❺に抜けていく。

おそらくこの画題を与えられたとしたら、ぼくはこういう構図を作ってゆくと思います。囲碁でもオセロでも定石がありますよね。それと同じです。絵の名人たちが、この画題を見た時にどういう手でいっているか、この作者はどういう手で絵の具を置いているのかというのを見るわけです。

ここに女の人が困っていて、裸で立っているという絵があるとします。では、この作品は何を見せるかというと、

図3-2

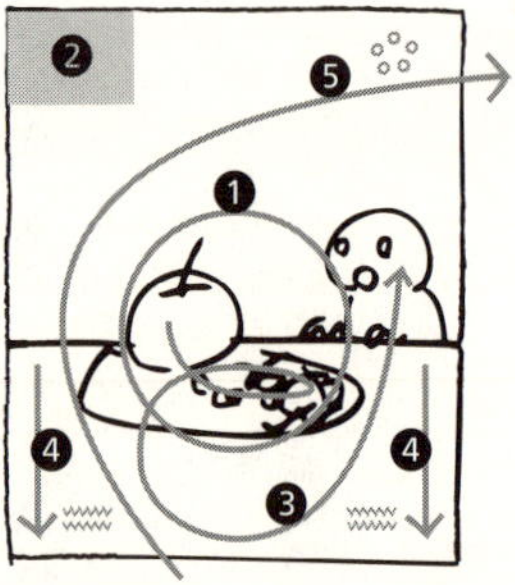

普通だったら顔と乳首も含めた局部。これが人物の裸体だったらほとんど一〇〇パーセント目が行く。だから、並みの絵描きであれば、そこをどういう風に描けるかというところに集中して行きます。しかし、できる絵描きにはそれは絶対に許されません。そんなことはあまりにも当たり前だからです。では、どうするか。

図3―3を見て下さい。ぼくがやるのだったら、おそらく、今、言ったように人物の顔と局部が焦点だったら、顔はきっちり描きましょう❶、そして、体のおなかの辺りは描きましょう❷。そして、このあたりも描き加えてみましょう❸。そして、あとはキャンバスのままで、残しましょう。例えば、そういう構図を作るとします。

玄人の絵を見る人はどこを見るかというと、この作品は最低限「絵画」になっているのかを見ます。「絵画になっているのか」というのはどういうことかというと、画面四方に作者の支配力、画面を支配する力がきちんと及ぼされ

図3-3

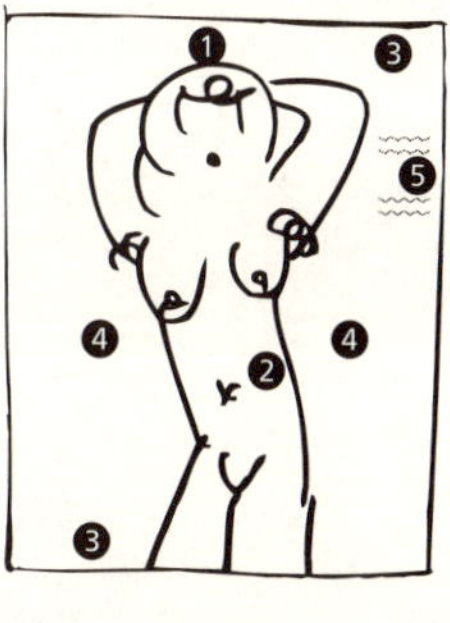

ているか、そこを見るわけです。

例えば❹の部分は何も描いていません。何も描いていない部分にもそれ以外の部分を描いていることによって作者の支配力がきちんと及ぼされているか否かというのがポイントになるわけです。ピカソは不思議なことにそれが及ぼされているのです。彼は、❺の辺にびらびらしたものを描いたりすることが多いのです。そうすることで、この辺り全部が支配される。

作画の支配力において、ぼくがいちばんだと思う作者にサイ・トゥオンブリ（Cy Twombly）がいます。彼がデビューしたころの作品は、真っ黒な背景にチョークで落書きをしているようなものでした。階層構造になっていてだいたい二〇〇から三〇〇レイヤーある。

ただそれだけの作品といえばそれだけの作品ですが、それで彼は巨匠《マエストロ》になったわけです。今、八二歳くらいですが、かつては二〇〇から三〇〇レイヤーだったのが、今はよろよろとした線が二つくらいあるだけです。しかし、それで絵画全体が支配されている。

しかも最近はベニヤ板に描いていて、本当にベニヤ板の継ぎ目とかもあって情けないのに、ところが、よろよろした白い絵の具の線にしか彼の作画はないのにもかかわらず、それでも絵画全体が支配されていることに驚くわけです。

つまり、構図法とは何かといったら画面の四方に目が行き届き、目線の移動をいろいろ変化させるものです。でも、最終的なゴールとしての絵画を見るさいの自由というのはこういうものです。ルールを知り、それに従いながら、使いこなすことではじめて得られる自由がある。特にぼくたちのようなプロが絵画を見る場合の自由というのは、ほとんど描かなくても絵画が成立しているのがあこがれなんです。最小限の線しかないのに画面全体を自分の思うとおり、自在に支配している。これほどの自由はないではありませんか。

ぼくのさきほどの作品は、もうありとあらゆる手練手管を使って絵を構築しているので、その意味で「幼稚」な作品です。しかし、いちばん高度な作品は、何もしないで構築されるものだとぼくは思っています。

本当のアートとは

ここまで読んできて、こんなの本当のアートなのか、違うのではないか、と思う人がいるかもしれません。ぼくはそれでいいと思います。「本当のアートとは何か」ということを皆さんに考えて欲しいのです。

ぼくがデビューした時に活動を休止したある高名なアーティストが、最近また活動を再開したというインタヴューを読みました。その中で、彼は「アートがルール化されるなんてもっての外」「そういうアートは、ぼくの考えるアートではない」「ぼくの考えるアートは自由じゃないといけない」「でも、自由なんてこの世の中にない」「だけど、自由でないといけない」「自由ってなんだろう」「ルール化されたりお金に犯されたアートはぼくは嫌いだ」。

彼はなにも意味のあることを言っていないんです。けれども、こういう発言が日本のアートでは主流であり、皆がいちばん胸にぐっときて、溜飲が下がる。それは、自由＝芸術＝正義という信仰、日本現代美術の自由神話に合致しているからです。信仰ですから、その神話を信じていれば何もしなくても救われます。ルールを勉強したりそんな余計なことをすることはないわけです。こうして、なにもしないことが正当化されます。一見、アウトサイダー的な意見がメインストリームを占めているというパラドックスが日本のアート世界にはずっとあります。

純粋な芸術はあるか

では、純粋な芸術なんてあるのか。村上春樹の小説は純粋小説か。例えば、そういう設問を考えてみましょう。村上春樹はベストセラーの作家で、本人は純文学をやっているという意識があると思います。ベストセラー作家として世間にも文学界にも認知されていましたが、文壇からは長い間冷遇されていました。

ぼくは専門的な純文学の定義など知りませんが、村上春樹はやはり純文学を描いている小説家だと思います。いくらコマーシャルな作品を作っていても、その内容によって純粋性が決まってくる。純粋性とは何かといえば、ものを作る完成度の高さ、ものを作っていく方向性の設定の仕方です。例えば、ぼくはこの章で構図法を説明しましたが、構図法でも徹底的にやるものとそうでないものとでは最終的にでき上がってくる純粋性というのは違います。

純粋性というのは作品を制作する誠意というふうに考えてみてもいい。例えば、テレビコマーシャルを作っている監督さんでも誠意があるものを作り続けていると、非常に高いクオリティの人の心に届くものができてくる。だから、もし、ぼくに「純粋な芸術というものがあると思いますか」という質問をする人がいたら「はい、あります」と答えます。

お金をかけないと良い作品は作れないか

ぼくは、第一章で「最先端のＡＲＴにはどうしてもお金がかかります」と書きました。けれど、制作費をたくさんかけないと良い作品が作れないかといえば、それは人それぞれなので、何ともいえないとぼくは思います。

ぼくにとって青天の霹靂《へきれき》というか驚天動地だったアーティストはヘンリー・ダーガーです。この本では何度も述べましたが、ヴィヴィアン・ガールズというペニスのある女の子たちが南北戦争と思われる戦いを続ける作品群です。彼はぜんぜんアーティストでもなければ、アーティストになろうと思ったわけでもなくて、自分のために、ずっと自分を楽しませるためだけにヴィヴィアン・ガールズが戦争する様を小説に書き、絵に描いてきたわけです。

彼の画材は紙、チープな水彩絵の具、そしてペン、鉛筆だけです。それでも、壮大なストーリー、壮大な世界観を作り出しています。ですから、その意味ではコストはほとんど関係ないと思います。しかし、ぼくのようなプロダクトを作っているのであるならばそれなりのコストはかけないとできない。

どこに出せばいいか

ぼくがデビューした展覧会は、美術評論家の椹木野衣さんにテキストを書いてもらった銀座のギャラリー・アリエスでした。さらにワタリウム美術館が主催したヤン・フートの現代美術一日大学というイベント。そのイベントでぼくはデビューしたと思っています。ヤン・

フートというベルギーのキュレイターが来日したその当時、二〇数年前ですからキュレイターという職業が日本ではうまく紹介されていなかったのでよくわからないわけです。キュレイターって何？　みたいな。

とにかくキュレイターという人がくるから、現代美術をやっている人間はその人と会わなければいけないということになった。そういう時代の話です。

そのヤン・フート一日大学にエントリーしました。みんなで一〇〇人くらいだったと思います。それにぼくは受かったわけです。一〇〇人の中から三四人くらいが選ばれて、今でいう地方の民家の中に作品を展示しました。

今は、そういうコンペがいろいろありますし、コミケ、ワンダーフェスティバル、デザイン・フェスティバル、そしてわれわれのＧＥＩＳＡＩ、日本はこれだけで新人がデヴューするプラットホームは充分です。コミケがマンガ、ワンフェスが立体フィギュア、デザフェスがガジェット、ＧＥＩＳＡＩがアート。それぞれがいろいろな伝達メディアをもっていますから自分にやる気と運があればどこかにひっかかると思います。だから、この四つに全部エントリーして全部違う作品を作れるガッツがあるのならば、必ずデビューできると思います。

因みにコミケは五五万人、ワンフェスは三万五〇〇〇人、デザフェスは今たぶん三万人くらい、ＧＥＩＳＡＩは一万人、台湾では二万人くらいの動員です。

さて、どうしてこの「ヤン・フートの現代美術一日大学」がデビューだと思うかというと、どこかのテレビ局がこのイベントのドキュメンタリーを作ったんですね。その番組にぼくの作品も講評会の場面かなにかで少し映ったわけです。それで『美術手帖』といった雑誌メディアの人が、ぼくの作品を知ってチャンスにつながったわけです。

これはすごく小さなコンペでしたが、しかし本当にワンチャンスでした。ぼくは普通の人の作品の何倍もあるような、すごく大きな『ポリリズム』(六三頁参照)という作品を持っていきました。プラモデルなどがくっついている大きな作品です。あまり大きいので、階段が上れなくて会場の人に怒られたりしました。こういう時に大きい作品で挑戦してチャンスをつかんだわけです。

大きさが大事

作品の大きさというのはとても重要です。ニューヨークで作品を発表する時にはどうしても大きくなければいけない。なぜかというとアメリカの場合、現代美術を購入する人というのは次の二種類だからです。

❶美術館に寄付したいお金持ち。
❷自分の家が広すぎるので、その広すぎる家の壁を埋めるのにアートでも欲しいというお金持ち。

ですから、大きな作品から売れていくというのは本当の話なんです。日本で流通しているような小さな作品というのは、最後の最後に本当に売れ残りの中から売れていくケースがよくあります。

ですから、ニューヨークでデビューした時にはどうしても大きな作品を数点作らなければならない。こういうことはアーティスト志望の方は覚えておくとよいと思います。

逆の例ですが、ある写真評論家が一〇年ほど前に「現代美術における写真など、大きくプリントアウトすれば全部、現代美術だ」というものすごく破廉恥なことを言って、それを皆が真に受けた時期がありました。商業的な写真家たちが大きく引き伸ばして個展を開いていましたが、誰一人、現代美術作家としてはデビューできていません。大きくすれば現代美術というのは、それは単なる自己満足です。元の作品そのものの持っている内容、圧力や構図方法であるとかコンテクストであるとかをきちんと踏まえていなければいけないのは当然です。ですから何でも大きくすればいいというものではありません。

心の救済

芸術でいちばんの大切なものは、構図、圧力、コンテクスト、個性の四つです。コンテクストというのはその作品が歴史、状況の中でどういう意味を重層的にもっているのかをいいます。それがたくさん串刺しになっている方がいいと説明しました。

ぼくは『芸術起業論』で「芸術の世界で取引されているのは、人の心」「アーティストの目的は人の心の救済である」と書いています。それはコンテクストではなくて圧力です。

歴史的重層的な意味というよりも、構図とか圧力とか個性がコンテクストに盛り込まれるとしたらこの圧力の部分で人の心の救済がある。

最近、ぼくが買っている作品の話をすると、オタク絵みたいだけれど少し下手な絵、オタク絵として雑誌の表紙を飾ることはないけれども、先ほど言った私小説的、内向的な作品をよく買っています。それはぼくの心を救済してくれているからです。

ぼくの心のマトリックスがどうなっているかというと、オタクへのコンプレックス、宮崎駿症候群、ガイナックス……いろいろなものがあります。この世界にオタクエリアというものがあるとすると、ぼくはオタクエリアに入れませんでした。だから、オタクエリアに入れなかった、今も入れなさそうな人たちの作品をみると、本当に哀しさと憐れみと同胞感がわいてきます。「オタク絵みたいだけれど少し下手な絵」。そういう作品を見ているとぼく自身を見ているような気がして、救われるんですよね。ぼく自身とは何かと言えばそういう半端者だということでしょうか。

そういう心の救済を与える作家の中でも、とりわけ大きなドラマを持っていたのが何度も述べたようにゴッホ。あと、日本人が好きなのはエゴン・シーレです。神経質な自画像やエロチックな女性の絵を描きましたが、二八歳で早世しました。

こういう悲劇のストーリーというのはどういうわけか人の心をひきつけ、人を救済します。先ほど述べた小説ではありませんが、物語、お話というのはなぜ必要なのか。人間がどうしても芸術にたどり着かなくてはいけないのはなぜか。たしかなことはわかりませんが、犬ですら遊びを欲するのに、人間は高度な遊びとして精神的なバランスをとる知的なゲームをせずにいられないからなのでしょう。

そのゲームの中に、ある種の哀しさ、真実があるとすれば、自分が生まれてきていずれ死ぬ、自分が生まれてきたことが無意味であるということに気がつく瞬間に、それでも無意味ではないのかもしれないと自分を納得させるためにお話をつくらないと生きていけない。ほとんどの宗教はそういう構造を持っているのではないかと思います。

宗教的な部分に救済を求めるのは当たり前ですが、絵画は先に書いたように宗教とともに歩んできたので救済装置として長けている。音楽もそうだと思いますが絵画、彫刻というのは救済構造にとりわけ長けています。

その中で近代以降、現代の芸術における救済というのは今述べたようなある種、心の中に欠けた部分を持っているアーティストが、欠けたままで芸術作品を作っていることが芸術作品を見て理解できると、見たものは癒やされる、救済されるということがあります。だから、コンテクストには作家が考えていることだけではなくて、その作家の持っている宿命みたいなものが重層性の中に忍び込んでいるわけです。

何を作ればよいのか

では、いったいどんなものを作ったらよいのか。具体的に何を作ったらよいかわからない、ということもよく聞かれます。芸術を考える時にひとつのヒントがあります。子供が作る粘土細工や絵というのは、大人が見ても純粋無垢でなかなか感動的ですね。それはなぜかというと先ほどのピカソの話と同じなんですけれど、ほとんど無駄な要素がないからです。例えば、子供の描く絵というのは、お父さんの顔を描いたらヒゲがあるとか、眉が太いとかいつも鼻くそをほじくっているとか、ようするに子供の主観から見たものです。だからこそおもしろいし、そこに何か良さを感じるわけです。

ガブリエル・オロスコ（Gabriel Orozco）というメキシコ出身の現代美術の作家がいて絵画、彫刻、インスタレーションと様々な芸術領域で活躍しています。その人の粘土の作品がよい例です。ガブリエル・オロスコの作品の中で非常におもしろいのは、黒い手がある写真です。何かを握っているんですね。握っている手をあけてみると握った形の粘土の塊が残っている。つまり、何も創造的な意思はなくてもモノはできるという暗喩なんです。本当にそこに今、紙粘土があったら、紙粘土を両手でぐちゃっとやってそれをひらいてみても芸術になりえませんか、という作者からのメッセージです。

それでも芸術になりえるとぼくは思います。最低限の、たとえわずかなものでも人間が関わってしまったら芸術にならないかというのもピカソ以降の大きなテーマです。だから、子供の絵、とか、今すごくアール・ブリュット、「生（なま、き）の芸術」ということが言われたり、アウトサイダー・アートが流行っているのは、さっきぼくが言った資本主義の限界とか、貧乏とかそういうものと関わるのではなくても、作為のない世界、そういうものも芸術として重要なのではないかというムーブメントがあるからです。それが、ガブリエル・オロスコのような現代美術作家にも影響を与えていると思います。

作品ににじりよる

最後に「圧力」について。

ぼくは、決してギブアップしません。今日の失敗はぼくの失敗ではないと思い込んで、もう一回やればリベンジできるのではないか。そういうネバーギブアップ精神で、次、もうちょっと良くなるにはどうするか。それを毎日毎日、毎日毎日繰り返す。それがぼくにとっての「圧力」です。

ぼくの作品を現代美術の仲間が若い頃に批判し、揶揄《やゆ》していました。ボロクソに言われていましたが、それでもめげないで、「別に関係ない、新しすぎて君たちがわからないだけでしょう」と、丸め込んで自分の口の中に放り込んで吐き出すくらいの気概を持つ。その一方で、彼らの言うことに一理あるとしたら何だろうか、と考えながら、自分の作品を肯定し、しかし弱点を補完しながらやっていける持続力、これが「圧力」です。

しかし、いちばん大事なのは、さきほどぼくはキャンバスにドクロを描いていましたが、描いた絵を一度塗り潰すんです。一回、描いた上に絵の具を塗って、また、もう一回描き起こしていく。ずっと絵を描いていく中ではこういう行為が起こるわけですが、絵を完成させていく最後の最後、ぐいぐい作品の完成に向かって根拠があろうがなかろうが、自分が良いと思うような方向に連れていく、持っていく。その集中力とネバーギブアップな行為ができるかどうか。そこが勝負です。

映画でいえば編集のプロセスにあたると思います。その編集でビデオだとだいたい三〇コマありますが、三〇コマのフレームバイフレームの一コマを出したり入れたりする。あるコマ（A）とあるコマ（B）を入れ替えてみたり、特にフィルムだと一緒に作業している編集マンだとかスタジオのレンタル料だとか気になるわけですが、それでも粘り続けて編集を続けるかどうか。絵画であれば、この四隅に絵画を構築する支配力みたいなものが出てきたけれど、それで、本当に、この作品はここで終わっていいのですかということです。

さきほど、描かない絵画の話、サイ・トゥオンブリの作品の話をしましたが、それとは逆に徹底的に描き込むということが必要なこともあるわけです。この作品を完成させるには本当にこれで良いのか、いや、もう一歩何かがあるだろう、いや、ここのこの辺はとにかく描き込まないといけないのでガシガシ描き込め。あるいは、描き込むと良くなるかもしれないけれど、一回全部塗りつぶして真っ白にした後、もう一回描こうとか。

そうした自問自答の過程をそのまま絵画にしていくと、作業量が二倍三倍に膨れ上がります。だから、普通はしません。それにもかかわらず、「エィヤ！」とやるようなガッツが必要です。ぼくはカイカイキキに所属するアーティストへのメールで「作品制作は1にガッツ、2にガッツ、全部ガッツのガッツだらけにしないと終わらないよ」と書いたことがあります。一枚の絵を描く、最後まで仕上げるというのは、そういうことです。ぜんぜん、種も仕掛けもないことなのです。

ぼくがたまに文章を書く時もそうですが、ここが圧力のかけ時だという時、勝負だという時、文章がもう二回読むと良くなるんじゃないか、もう二回読んで自分が発見できるともっと良くなるんじゃないか、というところに踏み込むというのはすごく勇気が必要です。それと同じように、絵も「もう締め切りだし、あと、三時間しかないし、まぁ、この辺でやめないと絵の具も乾かないし、運送屋さんも待っているし、ここらで終わりにしようかな、みんなも疲れてるしな」という時に、「そうだな」というのではなく、運送屋さんを待たせようが飛行機を待たせようが、「とにかくあと一時間待ってください」「もうちょっとだけやりたいんだ」と言って、絵を消してもう一回全部描きなおす、そういうぐいぐい押し込んでいって、自分が信じる、自分の感性にタッチするようなところが少しでもあれば、それに、「これでもか」とにじりよっていく行為。それが圧力です。

アーティストの評価は、作品が九九・九九九パーセントです。圧力のない作品を作ったらどんなに取り繕っても、誰も振り向きはしません。何の世界でもそうですが、芸術の世界は厳しいのです。

ひと口に、作品を売って「金を儲ける」といいますが、自分の手に持っている職で金を儲けるには種も仕掛けもない。自分の持つ正義への忠誠心に忠実に生き、こつこつとモノを創造し、社会に問い、そしてその問いかけに対しての評価が下る。良い時も悪い時も、自分の正義に忠実であってそれが社会から信用を勝ち得た瞬間しか儲けを手に入れることはできません。

宮崎駿監督がよく自作のメイキングで作品そのものににじりよっていくのがアニメーションであると言っていますが、それと同じです。その「作品そのものに、にじりよる」ことをぼくは「圧力」と表現したわけです。

どうですか、作品を作れそうな気がしてきましたか。作品ができたら、次章は、具体的にアーティストとしてデビューするまでを扱った、アーティストへの道です。

第四章　未来編——アーティストへの道

アーティストというのは未来を語らなければいけない。めちゃくちゃな冒険をしなければ未来は作れない。仮説というのは必ず実証しなければ意味がない。言うだけでなく実行しなければいけない。未来を造るのは芸術家なのだ。

いよいよ最終章です。この章では実際にアーティストとしてデビューするためのアーティストへの道を解説します。

まず、ハイ（ブロウ）アートとロウ（ブロウ）アートについて述べます。ぼくがここまでずっと書いてきたことはハイアートのエリアだったような感じがします。しかし、それが、今、いろいろな構図が変わってきている。つまり、西欧式ＡＲＴといっても、ハイアートだけではアートの世界が機能しなくなってきている、膠着《こうちゃく》状態にある。だから、ぼくはそれを利用して、異種格闘技的に上手く、我々日本のアートシーン、西欧かぶれでない日本の土着的なアートもハイアートの中に進入できないだろうかと試しているわけです。その構造を説明したいと思います。

ハイアートとは何か。歴史に残っているアートもしくはこのアートのコンテクストを分析して歴史に挑戦するようなものをハイアートといいましょう。ぼくもこのアートのことをずっと述べてきました。つまり、ルールがある。そのルールを覚えて、歴史の中にどうやって参入するか、そういう話をしてきたわけです。

一方、ロウアートの「ロウ」というのは、どういうことなのでしょうか。これは、例えば、土着的なものであるとか、落書き、アウトサイダー・アート。ようするに歴史に残っている天才と言われている人たちとは別の文脈で、日々世界中で生まれているアートですね。それをロウアートといいます。ハイブロウというのは文字通りには教養学識があるということです。

では、マンガというのはハイアートだということになるのでしょうか、何ともいえませんね。その意味では、ハイアンドロウという区分が、すでに矛盾をはらむような世の中になってしまっている。つまり、こういう構造そのものが、崩れている。

例えば、アメリカには『ジャクスタポーズ』（JUXTAPOZ）という雑誌があって、グラフィティ・アートや若干趣味的なアートを掲載しているのですが、そういうものをロウアートと呼んでいるようです。その雑誌に登場しているマーク・ライデン（Mark Ryden）という作家がいます。彼は貸しギャラリーでないコマーシャルギャラリーで個展を行っていて、小山登美夫ギャラリーでも展示していたことがあります。

最近では、こうしたロウアートにも可能性があるのではないかといわれるようになってきました。ぼくは大賛成です。教養や学識がない。この場合の教養や学識というのはアートというものの教養学識をさしていると思います。まさにぼくがこの一〇年間何とかしようとしてきたのは、そういったアートについての教養学識がなくてもアートたりえるのではないかという挑戦でした。

アメリカではハイアンドロウといいますが、ぼくはそれをペシャンコにしてスーパーフラットというテーゼでずっとやってきた。実は、マーク・ライデンの作品は一枚の単価はぼくより高いんです。彼の代表的な顧客の一人にはレオナルド・ディカプリオがいて、初期の頃に二〇枚くらい買って、それからハリウッド・セレブにいっぱい買われるようになりました。

マーケットというのは単純構造で顧客が多くて作品が少なければ値段が上がってゆきます。ですから、マーク・ライデンはロウブロウで、もしかしたら「教養学識」的ではないのかもしれませんが、ハリウッド・セレブに買われたことでマーケットでは品薄になっていた。すると、価格は上がっていきます。例えば、ハイアートとロウアートのオークションは形式的には今でも分かれていますが、値段ということでは上下が入れ替わってしまっているわけです。ですから、ロウとハイという世界観は、区分としてもますます機能していかなくなると思います。

日本のロウアートマーケット

　では、日本でロウアートのマーケットに参入するにはどうしたらよいか。実は、日本にはそもそもハイアートのマーケットがありません。ないのです。

　ぼくたちカイカイキキは、元麻布の地下にハイアートのギャラリーを作って二年半になります。いろいろな展覧会を行っていますが、顧客の九〇パーセント以上は日本人ではありません。外国から来日されてきたお客さまに作品を販売しています。日本に観光に来るお客さんのために、麻布という土地を選んで、ギャラリーをカイカイキキの地下に作ったのです。

　しかし、これもまた何か違うな、と思って二〇一〇年の春、中野ブロードウェイにヒダリジンガロ（Hidari Zingaro 左 甚蛾狼）という、小さい六畳くらいの小屋み

Hidari Zingaro（左 甚蛾狼）
東京都中野区中野ブロードウェイにあるカイカイキキがプロデュースするアート雑貨も販売するギャラリー。

たいなギャラリーを作りました。

これは、ハイアートみたいにエスタブリッシュされていないけれども元気がよくて、落書きだったり、学校で腕自慢の学生アーティストたちを入れて、貸し画廊ではなくてぼくらがおもしろがることができるような、若くて才能のありそうな人、才能がなくてもいいから、とにかく彼ら自身が楽しめてぼくが楽しめる、お客さんも楽しめる芸術、絵、彫刻、陶芸を展示販売しようと思って作りました。

だから、場所も中野ブロードウェイです。ロウアートそのものという設定ではじめました。もう、六〇〇人くらいのお客さんが買ってくれたのですが（二〇一〇年九月現在）、そのほとんどは、日本人のお客様です。扱っている作品は陶芸、ポスター、カオス*ラウンジ・現役美大生・うちのアーティストなどです。偶然ですが、ロウアートのマーケットが日本にも存在するということを、ぼくらが発見したと思っています。

スーパーフラットのもともとのコンセプトは、こうしたロウアートの百姓一揆でした。東洋、日本人が西欧に比べて、田舎者と思われているのなら、それでいい。それなら百姓一揆をやってやろう！　そう考えたのです。だから、自分たちカイカイキキのフィロソフィを継ぐアーティストたちをもっと拡張しようと思っていたわけです。

だから、ロウアートのマーケットというのは日本にもあるし、今からそういうギャラリーだったり、ストアだったり、ロウアートに対する認識は今後どんどん変わってくると思う。例えば、まんだらけ（マンガ専門古書店。マンガだけでなく玩具、アニメグッズ、同人誌、コスプレ衣装なども扱う）でマンガの原画などがオークションに出たりしていますが、今後、オタクマーケットに区分されない、もっと芸術一般のストア、ギャラリーでもマンガ原画であるとかアニメーションの原画、イラストレーターの原画が売買され、美術館ができたりして、ロウアートのエリアというのはますます拡大するとぼくは思います。

　ハイアートというのは何度も述べたとおり、西欧人の発明です。イラストという概念だって西欧人の発明だと思う。なぜなら、イラストと芸術は日本の歴史の中ではあまり区別されていなかったからです。それが、例えば、北斎でした。もちろん「本画」と呼ばれるハイアートの世界もその当時は存在しました。鈴木其《き》一《いっ》や円山応挙といった人がハイアートとしてもてはやされ、ハイブロウな芸術として成立していた。

　よく知られている通り、北斎というのは自分を卑下して漫画家である、おかしな絵を描いている人間であると言ったわけです。それは彼の発明でした。北斎のジェネレーションの人が日本のロウアートを発明し、これが西欧に行ってアートに影響を与え、日本を代表する芸術家は、北斎ということになりました。

　しかし、いつまでも、西欧人が発明したＯＳで起動する必要はない。「ＯＳを変えてやろう！」とこの講義を進めてきました。ハイアート、ロウアートの区分を止め、考え方を再起動させてみてはどうか、と思うのです。

アートの地政学

アメリカがあって、ブラジルがあって、オーストラリアがあって、ニュージーランドがあって、中国があって、日本があって、産油国があって、アフリカがある。ずっと離れたところにヨーロッパがある。アートというのはヨーロッパと中国ではじまりました。他はほとんどアートなんかなかった。中国とヨーロッパと、戦後は北米のニューヨーク、最近ではロサンジェルスでようやくはじまったわけで、後はほとんどロウアートですから、勢力図からいってもロウアートの方が実は優勢なわけです。

にもかかわらず、これはやはり西欧人の発明ですから、世界を席捲するためのルールを作って、この自分たちに有利なルールで掌握しよう、芸術を支配しよう、そのために自分たちの都合でルールを作ってきたということは否めません。

その疑いを読み解く、あるいは払拭するために、今、ロウブロウというアートを西欧人が発明したOS、ハイアートというOSに組み込むための翻訳をするエミュレーション・ソフトを作って一度ためしてみたらどうか、というのがぼくのやっていることです。なんとか彼らのルールを変えられないか。

そうしたら、どうなるか。今からみんなで試してみたい。そこから本当にローカルなそれぞれの国々であったり、社会のさまざまなヒエラルキーのエリアであったり、人種であったり、本当に必要な芸術が発見されるのではないか。

もちろん、その中で、もう一回、西欧に召喚され、それが洗練され、という歴史が繰り返されるにすぎないのかもしれません。しかし、今、まさにその歴史の分岐点にぼくらはいるのです。だから、ぜひとも、その分岐点から、ハイアンドロウの区別を全部ハイに持って行ってもいいし、全部ロウに持っていってもいいし、すべてペシャンコにしてしまってもいい。

それでもダイナミックな変革ができる。仮説というのは必ず実証しなければ意味がないわけです。言うだけでなく実行しなければいけない。実行するのはまず芸術家です。ロウアートと思われているようなものを、自分たちがやっているものこそが芸術であるという自信と確信をもって実行するべきではないか。

例えば、アニメーターの方々、「あなた方がやっていることは三〇〇年後には最高の芸術かもしれないですよ」という話をしたかったわけです。地政学的にも経済的にもアメリカが覇権を取っていた時代から、今は中国あるいは産油国がそれを奪還するかもしれないという大きな変革の時代です。経済のダイナミズムにおいては、日本はもはや何も関係ないかもしれません。

しかし、芸術においては本当に小さい力に見えるかもしれませんが、エンターテインメントというのは世界中の人が求めています。まさにポケモンやドラえもんのように、ゲームとかマンガみたいな、本当に今までアートと言われていなかったような図像が、本当の世界の最高の芸術になっていくような運動をしましょうということです。

ぼくら芸術家は、すごくややこしいことを考えてもなかなか発表する場所がなかったのですが、メディアの進歩によっていろいろ上手く発信できるようになりました。

しかも日本社会が経済的に相当貧しくなってきた。これは前からぼくは言ってきたのですが、芸術というのはいちばんコストパフォーマンスが良いエンターテインメントなのです。映画などに比べればはるかにお金がかからない。最近、地方公共団体がトリエンナーレ、ビエンナーレという名前をつけてよく芸術系のイベントをやっていますが、あれはもちろんクリエイティブ・シティとかクール・ブリタニカに影響を受けたクール・ジャパン構想があるにせよ、やはりコストパフォーマンスが良いからだとぼくは思っています。

二十数年間状況を見てきましたが、この日本社会の中で、西欧式ではないアートのムーブメントがやっと動きはじめてきたのかなという実感があります。しかしとはいえ勘違いの西欧式であるという状況は変えたいものです。

こういうことを書いていても、たぶんこれまでだったらすごく一方通行でむなしい感じがしたと思いますが、今は、動画配信で講義をしても数え切れない質問とリアクションをいただき、手ごたえを感じています。

アーティストになるには

さて、それでは具体的にアーティストになるにはどうしたらいいのか。良い絵を描けばいいのだというような専門学校や美術大学で習う内容ではなく、例えば、音楽業界の場合、何々というオーディションを受けた方がよいとか、どういう学校に行った方がよいとか、例えばエイベックスの原宿にある学校に行った方がいいのではないかとか、そういうところでは結構ダンスのオーディションが厳しいらしいよという、そういう実情の話を含め、「どうやってデビューするのか」「デビューした後、どうやってサバイバルしていくのか」という具体的なことをお話しします。

そもそも、日本の社会の中でアーティストになるというのはどういうことか。日本におけるアーティストって何なのか。

まず、日本の社会のアーティストというのは、芸術的な分野の落ちこぼれがなるものだということです。なぜか。例えばグラフィック・デザイナー、ゲーム・クリエイター、ＶＪ（ビデオジョッキー、ビジュアルジョッキー、映像を素材とした音楽におけるＤＪ）、オタク系イラストレーター、そしてマンガ家。そういうふうに日本の社会の中で、社会一般にクリエイティブな人間が出て行く筋道というのは、毛細血管のようにはりめぐらされていて、いくらでも才能のある人間が世間にプロとしてデビューする場があります。

ところが、ことアートに限っては、まったくそういう道が閉ざされ完全にふさがっています。つまり、日本社会の中でニーズがないのに、アーティストになることを選ぶ。それは、さきほど述べたようなクリエイティブな才能に恵まれないということが前提になるわけです。かくいうぼく自身も、そういう才能にまったく恵まれない人間の一人でした。アニメーターを目指して『銀河鉄道９９９』を観ながら、小松原一男や金田伊功を模写して大学の四年間一生懸命アニメーション研究部で八ミリフィルムでアニメを作っていました。

けれども、どう自分でひいき目に見てもおもしろくない作品しかできないので諦めました。諦めてふらふらしているうちに、ある現代美術展にめぐり合ってアーティストになったわけです。この本を読まれている方も、その頃のぼくと同じように日本社会におけるクリエイティブなエリートではない人だと思います。

日本と海外の優劣

さて、ぼくのような落ちこぼれがアーティストになって、アーティストの世界でAクラスに入っていくにはどうしたらよいのか。

何度も述べたように、ぼくは日本の若手作家が日本の今の美術大学構造によってつぶされているのではないかと思っています。けれども、だからといって諦める必要はない。可能性は充分にある。上手い絵を描くトレーニングは受験予備校教育で成立しているからです。その受験予備校教育のままプロのスカウトマン、例えばミュージシャンのようにプロダクションに入っていけばもしかしたら大芸術家になってしまうのではないか。そういう仮説を今、実証しようとしています。

例えば、アメリカと日本のARTの学習の素地はどう違って、どっちがどう優れているのか。イギリスとどっちがどう優れているのかと比較すると、意外と日本は優れているということがわかります。ただ、美術大学の教育そのものが間違った方向に行っている。つまり、憶測によって西欧芸術の文脈をゆがめて生徒に教えたりしていないか、あるいは、昔の公募団体展で失敗した経験から、公募団体のようにある一定の方向性の教育をすること、あるフォーマットを学生に教えるのはよくないという懸念を感じるあまり、「自由にやりなさい」という無責任主義に陥ってしまっているのではないか。そのために、生徒はどの方向に行って良いかわからなくなってしまう。

学業の中でも方向性が徹底しないことがまるで正義であるかのような考えが蔓延し、方向性を決めること＝悪であり、方向性を決定しないオルタナティブな芸術が善である、ということになって、決定できず何も表現できないという、そういう袋小路に入ってしまっているのが今の日本の美術大学教育だと思います。そういう何もしないことを肯定するだけの自由は本当の自由ではありません。

その意味で今の日本の美術大学教育は世界に比べるとゆがんで劣位になっています。しかし、近い将来日本も芸術大国になることは間違いありません。教育の差、あるいは若手作家の違い、志の差というのはまったく遜色はありません。

アーティスト志願

マンガ家系、オタク系、ファッション系の優秀な人、そういう才能がある人はそもそもアーティストになりません。異性にももてるし、そこそこ他人から目をかけてもらってお金も入る。アーティストになるというのは、すでに落ちこぼれなのだということです。昔は、オタクでもオタクという言葉がなかったので暗いとひとくくりにされ、美術部や文系サークルでしこしこ絵を描いていたような人たちでした。

中学や高校で美術部に入って、才能のある人はオタク業界に行くだろうし、オタク系の作品をいろいろ描いたかもしれません。けれどドロップアウトしてアーティスト予備軍として中学、高校をすごし、どうやっても社会の中に出て行けないので、仕方がないから美術大学にでもいこうというので、皆、美術大学予備校にゆくわけです。これがだいたい今、アーティストになろうとしている人の経路でしょう。「わたくし子供のころからゴッホの肖像画を観て魂の震えを感じて小学一年から絵描きを目指しました」という人はあまりいない。

マンガを読みながら絵を描くのが楽しそうだなと思ったけれど、描けないから仕方なく美大予備校へ行く。では、予備校から大学に行ってどうなってしまうのか。

予備校といっても、ぼくは東京生まれの東京育ちなので、東京および関東圏の話しか知らないといえば知りません。しかし、だいたい予備校系の主流のものが集まっているのは関東圏だといっていいでしょう。

予備校に行って美大受験をして大学に入る人と、専門学校に入る人と、関東圏以外の有名美大に行く人と、ドロップアウトしてそのままアルバイトしながらいろいろなコンペに出す人、このだいたい四種類の人がいます。

ぼくらのカイカイキキにいるアーティストはこの美大受験に失敗した専門学校上がりと普通大学に行っている子、そして美大をドロップアウトした子がほとんどです。だから、このカテゴリーにもあまり入りません。意外と美術を最初から目指そうとしていない人たちが、カイカイキキではアーティストになっていたりします。

美大受験の現在

では、その美大受験というのはどうなっているのか。ぼくも二〇年くらい前は予備校の現役の先生でしたから当時のことは詳しく知っていますが、今のことはわからないので去年くらいからリサーチしはじめました。

美大予備校にも大手予備校と中小の予備校があります。ぼくが一〇年間教えていたのは立川美術学院という立川にある中小予備校でした。大手予備校というのは、例えば、すいどーばた美術学院、新宿美術学院、御茶の水美術学院、代々木ゼミナール造形学校、河合塾美術研究所のことです。この中で例えば新宿美術学院は油絵科が東京芸術大学に合格させるのが上手い、すいどーばたは同じく東京芸大の彫刻科に合格させるのが上手、御茶の水はデザイン科という具合に定評、特性があります。目ざとい学生はこういう大手予備校に行きます。中小予備校に行くのはぼんやりしている人、何か学校の先生に紹介されたり、夏休みのスクーリングで学校に営業に来た中小予備校の先生に誘われて、ではそこに行ってみようかなぁという感じの人です。

だからといって、別に中小の予備校が悪いわけでも何でもありません。彼らは彼らなりに少数精鋭で合格率をあげている場合もあります。あるいは、大手予備校は東京芸術大学合格至上主義というのがあるのですが、それ以外の私立美術大学に合格させますよ、というところに集中させていたりします。だから、大手美大受験予備校と中小の予備校では特性が違うといえば違う。大手予備校で教えている先生は、芸大に合格させるのがゴールなので、エリート志向がある。東京芸術大学合格の傾向と対策を徹底的に練って合格させていく。

一方、中小予備校は私大への合格を目標としているので、私大の学生を講師に招いてやっている。ニッチなマーケット、ニッチな大学への合格にかけては、大手よりもある意味足回りがよく現状の美大の受験シーンをよく研究していて工夫しています。というよりも、そもそも、今は、トップの大学いくつか以外は、倍率が〇・八倍とか、つまり、名前が書ければ合格といわれるような美大も最近では出てきていると言われていますから、そんな綿密な受験対策などしなくても美大に行けるのかもしれません。

それでも、依然として、こうした美大受験のための予備校というのはかっちりあって、そこでは、絵の才能のない、絵の描けない人をゼロから絵を描けるようにしたてていくという教育が行われています。そういう予備校で勉強してゼロから絵が描けるようになる。もしくはゼロから彫刻が作れるようになる、水彩絵の具が使えるようになる。りんごや花が描ける、それで晴れて大学に入るわけです。

今、ぼくがずっと考えているのは、これだけいっぱい美術大学があって学生がたくさんいるのに、どうしてアーティストの数が少ないのかということです。いくらオタク・エリートから落ちこぼれた人間でもこれだけ数がいればもっとアーティストが出てきても不思議ではない。なぜ、その学生たちがデビューできないのかというのが大きな疑問でした。その疑問を解くためにいろいろな実験をしたり、いろいろな人と会って話を聞いています。

予備校教育の罪と罰

予備校で教わるのは例えばゼロから一〇ポイント、そうしたら美大に行ったら例えば七〇ポイント、美大を卒業したら一〇〇ポイントのプロになるという話だったらわかります。しかし、だいたいが予備校レベルで終わってしまう。美大に行くと、一〇ポイントから七ポイントくらいに落ちてしまう人がたくさんいます。

これはどうしてなのか。予備校で教えるのは受験用の絵なので、ARTとか芸術とはぜんぜん別のものです。受験用に傾向と対策を組まれてつくられている大学に合格するためだけのものです。しかし、ゼロから教えるわけですから、あの手この手を使って、非常に巧妙に合格させていく。この一〇ポイントまで持って行く技術は特異なもので、もっともっと評価されて良い。

では、なぜ、大学に入るとこれだけ力が落ちてしまうのか。うちの会社の若い子とか、若い人と付き合っていて思ったのはやはり芸術＝自由（正義）という信仰のせいだということに尽きます。

自由神話、つまり、自由とは何かといえば、「誰にもおかされない」で自分一人で考える。そこからすれば、傾向と対策で絵を作るなんてとんでもない悪魔の教義です。みなさん自由になりましょうといって、しかし、そういうだけで、その実何もしないことを正当化するだけであることは前に述べました。

ぼくの同世代も大学の先生になっているわけですが、なぜ若い頃ぼくらと同じ志を持って今の大学教育ってよくないよねと言っていたのに、美大教育がこれだけ同じ、三〇年前と変わらないものになっているのかというと、それもおそらく同じ自由神話の問題だと思います。

　そもそも才能のない人を何とか鍛え上げて絵を描く力を一〇にした人間に「自由とは何か」なんて問うてもわかるわけがない。それでは具体的な力が身につかない。だから、良くて三五ポイント、下手をすると七ポイントくらいで終わってしまう。これが美大受験予備校から美大におけるプロセスではないか。

　では、どうすればよいのか。例えば、マンガ業界、イラストレーション業界は、マーケットがあるので、編集者が「〇〇誌に日本酒をテーマにした漫画を描いてください」とか、プロデューサーが「クライアントはデジカメの会社だから、デジカメ＋エロ女を描いてください」というリクエストがあったらどうするか。天才たちは「はい、そうですか」と言って、サラサラと描ける才能があるわけです。

　これは自由なのか。たぶん、クリエイターたちに聞けば自由だと言うと思います。なぜかというと、彼らは自分でこの仕事をやりたくてやるからです。しかし、ガイドラインは引かれている。ワインをテーマにした『神の雫』というマンガが流行っているので二匹目の泥鰌《どじょう》を狙って、お酒ブームにあやかって今度は日本酒でやろうとかいう思惑。デジカメという商品があって広告イラストで「かわいい女の子にデジカメを持たせたい」という広告代理店の思惑。もちろん、引き受ける人、引き受けない人はいるでしょうが、マンガ雑誌だったり、あるいは携帯サイトのエロマンガだったとしても必ず傾向と対策というのは編集部が作っているわけです。マーケットがあってそれに対応してやっているのだから、売るための正義正解である方向性の示唆は結果としてクリエイターの自由をうばうこともあるでしょう。

では、対応能力がある、マンガ家やオタク系イラストレーターが、こういう時代においてどうやって自由を確保しているかというと、コミケなどで同人誌、個人誌などを作って自分の自由を確保している。

しかし、才能のない美大に行くような人は、ゆとりがないのでガイドラインがなくなったらポイントが下がるばかりなわけです。そして、プロになれるようなオタクの才能がある人がうらやましいのか、オタクをバカにして、そうすることで自分たちのアイデンティティを確保しているのが現状だと思います。

GO TO Chelsea!

最近、ぼくが考えたのは予備校の先生の特性として傾向と対策をつくるのが上手いということでした。試しに、もしぼくがニューヨークのチェルシーでデビューさせるには、こうしたらいいというフォーマットを先生に指し示し、「これでチェルシーで年間に五人デビューさせることができると思いますか」と先生に聞いたら、「もちろんできます」と言われました。

アートの世界でもマンガやオタクイラストと同じような傾向と対策というか、マーケットがあります。ようするに行くべき方向があるのに、美術大学にいる先生たちの「自由神話」によってそれが阻まれている。自由にやりなさい。自由に思考しなさいという禅問答みたいなところにはまっている。禅問答ですから内省的な、私小説のようなものばかりがでてくるわけです。この三〇年、日本から出てくるアーティストの作品というのは全部そうですよ。それは、やはり、こういう自由に対する信仰が生んだゆがんだ構造ではないのか。また、そうした作品が何かのコンペで金賞をとったりするので、これがいいのではないか、と勘違いする。ガイドラインがなくて自由になれというので仕方がなく、コンペのガイドラインにのっとって私小説的な作品を量産する、それがここ二五年から三〇年間、日本のアートの世界、美術界でみられてきたものです。

だから、ぼくらのカイカイキキでやった展覧会では、予備校の先生に「GO TO Chelsea」という特別講義を美大生になりたての大学生たちに対してして、あえて「傾向と対策」をたててニューヨークのギャラリーでデビューさせるということをやってみてくださいということをお願いしました。

美大の目指す「自由」というのは無軌道な「自由」であり、その無重力状態を洗脳しているので学生は行き場がないのです。ただ、学生ももともとが「才能のない落ちこぼれ」ですから「苦労は嫌」「考えるの嫌」というのもある。なのに意外とみんなカッコつけていて、下積みは嫌いで理屈をひねり出すんです。それで、使い道のないような人間がどんどん量産されている。予備校で勉強している時はみんな一生懸命で、大学に入りたての頃は学生は希望をもっているわけです。けれども、いつの間にか、「自由神話」によって何の役にも立たない、ただのボンクラになって卒業したらもう一回、専門学校に行き直したりして3DCGのアニメーターになったりする現状があります。

作家になるにはだいたい❶コンペ、❷ギャラリストのスカウト、❸ギャラリーへの売り込みの三つがあります。しかし、層が薄いのとレベルが低いので、ぼくらがGEISAIなどで、ここから一生懸命底上げをしようとしてもなかなかプロになるのは難しいし、プロになったとしても一流になるのはなおさらたいへんです。

日本がダメなら海外は

日本の美大がダメなら海外はどうか。実は、ぼくはUCLAの客員教授で三か月間教えたことがあります。その一つしか例を知らないのですが、海外の美術教育がどういうものかという例だと思って読んでください。ほとんどがクリティーク（批評）というもので、生徒が十数名、講師のぼくと通訳の人がいて四時間ぐらい当番の学生の二〜三作品をネタにディベートするわけです。すごく長い。

例えば、今日はAさん、Bさん、Cさん、三人の作品を四時間かけてクリティークしてくれというのが講師に与えられたタスクです。最初は四時間も持つのかなと思ったのですが、持つどころか四時間を超えてもぜんぜん紛糾が収まらない。これは予備校教育がないということとも関わってくるのですが、ぼくが教えたＵＣＬＡの大学院では、ほとんどの人が美術を学んでいない、医学を学んできた人、法律を学んできた人、文学を学んできた人とかそういう人ばかりでした。美術を学んでいるのは二割くらい。ほとんど絵なんか描いたことがない人たちが、自分はやはり芸術家になりたいということで勉強しはじめるわけです。だから、こういったら悪いですが写真でもなんでも下手です。なっていないといえばなっていない。

ビデオ作家だという女の子は、大学の裏山で樹の根もとに土を一生懸命自分で盛り上げて二週間くらいかけて小山を築きました。そうして何を思ったかこの上にしゃがみこんでおしっこをして滝のように流すのです。それをビデオに撮って講評してくれと持ってくる。何ですかこれは、と聞いたら、フェミニズムアートですと。ぼくはよくわからないので、いや、これはおしっこでは……。しかも、この作品を見るには前ふりがあって、非常に刺激的なので皆さんビールを飲んでくださいと、皆にビールを振る舞って、この作品の鑑賞には裏山に行く必要があるので皆さん裏山に行きましょう、と言われて裏山に行くと、女の子がおもむろに脱いでおしっこをするわけです。

こういう作品をみてみんなで話し合うわけです。クリティークというのでいろいろああだこうだと言うわけです。ぼくはその後、カイカイキキのアーティストや若い画学生とコミュニケーションするのにこの経験はすごく役立っています。つまり、ディベートということなのですが、あるテーマを決めてこれが良い悪いではなくて、その作品や作家が持っている可能性を引っ張りだしていく。

例えば、この作品はある人間はフェミニズムアートというけど、それは何とかという作品の真似ではないか、と。そうすると、また、真似というのはなぜいけないのか。真似でもいいではないか。真似、コピーについて話される。それが終わると、また、セクシャリティについて話しはじめる。そういうふうに議論がどんどん弾むわけです。

イベントとしては、つまらないものかもしれませんが、では、その女性はなぜ二週間もかけたのか、とか。あるいは、私はかくかくしかじかのイベントをやろうとして学校に差し止められたのに、あなたはどうしてできたのか、どうやって規律をかいくぐったのか、おかしい、とか。そういういろいろな問題を作品一つの存在で露出させる作家が勝ちなんです。

コンテクストということを何度も述べましたが、この作家さんは良い例だったのでよく憶えています。実にたくさんのイシューが出てくるわけです。今日は論議が盛り上がりました、だから、これは素晴らしい作品だという可能性があるのではないか。この教育方法はぼくはすごく良いと思いました。これはぼくが編み出したわけではなくてポール・マッカーシーに手ほどきを受けて、その後は、ぼくは学生に教育方法そのものを教わったわけです。

海外美大進学

日本人が海外の美大へ進学することも、ぼくは勧めています。ぼくは、ロックフェラー財団のつくったアジアン・カルチュラル・カウンシルという奨学金をもらってアメリカに留学しました。その支援を受けるための試験を受けて合格して、それでこうして書いているようなアメリカでの生活を送りました。その経験が本当にすばらしかったので、アメリカ人が新大陸に来てヨーロッパの文化を上手くオーガナイズして新しい文化を生成しようとする気概に対抗する気持ちを持って、ＧＥＩＳＡＩというイベントをやり発表の場を作りました。

　ぼくは、できる範囲の支援をやっていますが、日本の社会構造、特に税制ですけれども、アメリカのように資産家が芸術家に支援するという形での社会貢献は日本ではできませんというか、税制におけるメリットが無いので行えません。

　それなら、海外進学した場合、日本の予備校教育を受けなくていいのか。UCLAの教育方法は教育方法としてすばらしいのです。けれど、これだけでも作家は育たないのではないかとも思いました。つまり、技術教育の部分がなさすぎる。つまり、乱暴に言えば、作品を制作する技術が低いのです。

　もちろん、アメリカの文化というのは、下手なのをあれこれマネージメント技術を使って集大成させるというのがコンセプトでもあるから、下手でもいいのです。でも、それにしても下手すぎないか、と。だから、ぼくはUCLAの客員教授をしている時に、はじめて予備校教育というのは大事なのではないかということに思い至りました。それが、きっかけのひとつなのです。

　予備校の教育というのは、非常に短時間で、あるスキルを磨かせる技術にあふれています。しかも、デッサンと通常呼ばれているのとはまた別に、最近の美術予備校、特に油絵科、先端技術などは意外とアイデンティティを発掘するような芸術家の根幹にあたるような作業まで短時間でトレーニングしているわけです。

これは美術系学校の人たちが標榜している自由神話とは相反するので否定されがちです。しかし、ぼくはこういう日本が編み出した短時間で美術学校に合格させるために開発された予備校教育というのは、実はＵＣＬＡのような教育と一緒に行うことで、意外とそうとう良いアーティストが生み出せるのではないかという仮説をたてて、今実践しているところです。

つまり予備校的、インスタントな基礎工事を行って、その後、ＵＣＬＡ的な教育で、予備校的に工事した部分を根こそぎ解体して建築しなおすといった手のかかる作業で、それが僕の今考えられるベストの美術教育のプロセスだと思う。

ぼくがＵＣＬＡの先生の役をして、予備校の先生にアイデンティティ発掘も含めた教授をしてもらう。その二つが組み合わさることでまったく新しい芸術家が誕生するのではないか。その意味では、ぼくは予備校教育は必要だと思います。けれども、それでも日本人に海外の美術教育を受けることを勧めるのは日本語であるとか、あうんの呼吸が通じないところで、自分の伝えたいことを通じさせていく、伝えていかなければならないという現実に直面して、自分の作品を洗練させていくということが絵画や音楽や、そうした芸術をより磨く上では不可欠だと思うからです。ゆえに、海外に行って言語の通じないところで勉強することはとても良いことだと思います。

学校と教育

かなり以前は、ぼくが自分で学校みたいなものを作るということも考えたことがあります。けれど、日本人は、一度お金を払ったら客であるという発想が強すぎて、「教育現場」を造れる大前提がセットされていないことを実感しています。その「客意識」は過剰といってもいい。だから、金を払っている大学生諸君は、お客さんなので学校に誠意を発揮されて当然だと思っている。お客さんである以上、すべての大学生はフラットに平等に扱われなければいけなくて、才能ある学生をつかまえて先生が才能を引き出したりするというのは不公平なわけです。こんなことが当たり前になってしまっている環境で、学校をやりたいとは思わなくなりました。

評論家の竹熊健太郎さんは、京都精華大学でマンガを教えてらっしゃいますが、竹熊さんは、お金をあげる学校をやろうと思っている、と言われています。それはウォルト・ディズニーが創業してすぐに作り出した学校と同じだと言います。給料をあげてその中で運営していく。今もピクサー・アニメーション・スタジオなんかにもありますよね。ピクサー・アカデミー。会社内に学校がある。それはぼくはありだと思います。

しかし、ピクサー・アニメーション・アカデミーというのは、逆にいえば、そこまでの金銭的な余力が背景にないとできないということでもあります。超資本主義経済の中でその恩恵を受け、株価がものすごくあがったような状況で、株価の天才スティーブ・ジョブズの手腕によって初めて可能になっているわけです。そういう力がない日本社会においては、そこまでしっかりした社内アカデミーをつくることは不可能ではないか。

スタジオジブリはトヨタ自動車の敷地内にアニメーターの養成学校をつくるという実験を行っていますが、はっきりいってジブリ以外の組織では難しいと思います。日本社会はそういう状態ですが、御縁があって最近足しげく通っているお隣台湾の社会はそうではないのではないか。まだ、貪欲に勉強したい。先生をえこひいきだといって糾弾するような親も生徒もいない、ようするに学びたい、もっと自分を前に出したいという生徒、父母、出資者がいるかもしれない。もし、そうであるなら、本当に言いたいことやりたいことをやって変革が起こせるのではないか。その意味で、台湾での学校には可能性があるといっているわけです。

今のこの日本社会の若い学生を持っている親御さんや学生の考えているフリーダム、自由と付き合うことのできるガッツはぼくにはない。そういうところにガッツやエナジーがあるなら、向学心に満ちた台湾に行って教えた方がいい。こういうルールを教え、日本の社会構造も教え、こうなってしまっていいのかということも伝えたいと思っています。もちろん、この日本社会から出てくるロウブロウアートには可能性が絶対にあると思っています。しかし、この日本の社会の中で教育をするのは絶対に教育者の方が不利なのです。

であるなら、日本では、教育者になることを諦め、動画配信の視聴者に対するようにしてフリーでコンテンツを提供する分には誰にも文句をいわれないわけです。これこそが変革だとぼくは思います。学校ではないけれど影響力を及ぼして、しかも、よりよいエデュケーションをより多くの人間と共有する。そういうことが今、実証可能な社会になっている。それなのに、わざわざ大学に学費として、年間何百万円も払うのは馬鹿げている。

それよりも、別のことをするのに使った方がよい。それくらいのお金があれば、動画配信の番組は一年間運営できます。それくらいリーズナブルな世の中が来ているのだから、大学などを運営するのは一切やめて大学ではなくて放送形式の大学だけにしたっていいのではないか、というのがぼんやりとした構想です。

もちろん、一対一万くらいの関係でやる教育には限界があります。芸術というような個別に成長させていかなければいけない分野には不向きだとも言えます。だから、うちは会社を作って社員や契約やアルバイトを含め会社と結びつく形で徒弟制度を作りました。

ある種の人間関係、信頼関係を作り、徒弟制度とする。そして、相手の人格にまで触れていく。でも、それだと少人数しかできないので、第二の道として動画配信を使った放送形式の大学を考えました。そのこと自体がぼくの教育の実践です。この本もその一環です。

プロになるには

さて、自由神話はダメなので、いますぐ捨てるとして、では、その後、どうすればいいのか。実力行使でデビューすれば良い。その通りです。どうすればデビューできるのか今から説明します。

だいたい自分たちが美大に入って、あるいは美術系のサークルに入って何とかしようとすると友人たちとのグループ展、あと、貸し画廊をなんとか借りて自分の個展をします。これは、自分がどれだけのものかということがわからないので、みんな不安だからやるわけです。

その意味では、自己満足です。このまま年をとって定期的に展覧会を開いて充足するという人が結構います。これはこれで趣味としてまったく問題ありません。別にプロになる必要はありません。そうではなく、趣味ではなくプロとしてデビューしたいのであればという前提でお話しします。

オルタナティブ・スペース、例えば、○○財団、美術館のプロジェクトルーム、そういうところで若くて元気がいいから頑張る、もしくは、名の知れた人の個人的スペースを借りてきてやるというのもオルタナティブ・スペースの一種といっていいでしょう。そういうところで展覧会を企画して実施する。これは貸し画廊でも同じです。展覧会をやって名前が出たり出なかったりする。

ここからがポイントです。デビューする時はどうか。プロのデビューというのは商業・ギャラリーでの取り扱い作家になることです。まず、美術大学に行って自由神話の洗脳にあってガクッと来るという話をしましたが、ここで、ギャラリーを選ぶところで二番目にまたガクッと来るということがあります。日本におけるギャラリーにどういうものがあるかというと、だいたい五種類にわかれます。

A. 一番目は、金持ちと老舗のギャラリー。老舗といっても三、四〇年以上やっていれば老舗です。もしくは、そもそも事業をやっていてお金があるので、ギャラリーをやっている、嫁がアート好きなのでギャラリーをやらせてみたら自分もはまりました、みたいなことでやっているのが一番目の金持ちと老舗ギャラリー。ここは資金が潤沢《じゅんたく》なので、若い人たちというのはこういうところに最初から行きたがったりします。

B．二番目というのはそうした老舗のギャラリーの二代目です。二代目というのがミソです。三代目まで続けばたいしたものです。三代目、四代目、お茶道具だと一一代目とかありますが、二代目がやっているというのは、きびしい。もちろんよいところもあるのですが、ぼくは詳しくありません。

C．三番目、若くて元気な画廊。この本を読んでいる人は若いアーティスト志望の人が多いと思うので、そういう人たちは三番目のCの画廊にみんな行きましょう。

D．四番目は脱サラ組、どうしてもアートが好きで脱サラしてギャラリーをやるというのが一九九〇年代に流行っていましたが、これはほとんど死滅しました。今生き残っているところは結構頑張れるのではないかなと思います。ただ、そもそも、人生自由であるべきだという考えの信奉者なので、マーケットに入ろうが入るまいが俺が認めればそれでいいのだ！　俺を信じろ！　的なオレオレ・ギャラリストです。したがって、マーケットの動きとは無関係に評価していますから、アーティストが翻弄されてしまい、結果としてマーケットに無視されるようなアーティストが育ってしまい死滅するという可能性もあります。

E．五番目はふろしき画商、転売屋。

ぼくが今回ここで説明しようと思っているのはCとEについてです。

ギャラリーを選ぶ理由

どこのギャラリーを選ぶかで未来があらかた決まる。ぼくはデビュー当時、新進気鋭だったギャラリーで展覧会をやらせてもらってそこそこ売れていました。そのキャリアをさらに伸ばそうと思ってニューヨークに渡りましたが、ニューヨークでは老舗ギャラリーを全部みないようにして、今、これから来そうなギャラリーはどこだろう、というのを探しました。

アーティストでも今のトレンドは誰、みたいなことを取材したり聞いたりしていくとだんだん噂が聞こえてきます。それと同じで、今、元気の良いギャラリーというのはどんなのがあるのと聞いていって、ギャラリーを決めました。

Aのギャラリーというのはもう既に名前の出ているギャラリー、ここに若い人が最初から行ってはいけません。その理由は、ギャラリストが高齢であること。ギャラリーの存続はもちろんですが、発想が古くなることもありえます。一五年後に、自分が四〇歳代に入ってちょうど脂がのってきたときにギャラリーの方が元気がなくなっているというのは良くない、やはり世代の近い人でやっていくのが良いのではないか。老舗やお金持ちのギャラリーに入るとわかりやすくて、友達にこういうギャラリーに入ったよと言うと、「へぇー」と感心されますが、どうでしょうか。

日本のギャラリーでも若くて元気なギャラリーと一緒に頑張ったらどうかなと思います。アーティスト本人が真剣にギャラリーを品定めするべきです。例えば専門誌でアーティストの名前のチェックはよくするでしょう。でも、その時に頻繁に出てくるギャラリーの名前はどこだろう、しかも、突然名前が出てきたギャラリーというのがやはりあるはずなんですよ。それをチェックする。評判を聞く、ラインナップをきちんと調べる、今はウェブサイトありますからね。で、もしそれでこれはと思えたら会ってみる。人柄を見るわけですが、自分と合っているかどうかがいちばん大きいです。趣味が良くても自分と人間的に合わなければ悲劇ですから。デビューするには若くて元気なギャラリーを選ぼうというのはそういうことです。

若くて元気なギャラリーの弱点はお金がないことです。やる気はあって一生懸命いい展覧会をやろうとするわけですが、お金がないというのは、若いのでネットワークがないからお客さんもそんなに大物をつかまえてない、資金繰りも安定しないので作品が売れても半年も一年もお金が支払われない時期があったりする。そういうところをどうやってギャラリーと四苦八苦して共存共栄していくかということがアーティストにとってもすごく大事な部分です。つまり、社会性がないと上手くいかない。でも、Aのような金持ち、老舗ギャラリーに行くよりは若くてお金がないギャラリーと一緒にやった方がぼくはアーティストとして育つという意味では重要だと思います。

画商というお仕事

若いアーティストの間で問題になっているのが転売屋＝「ふろしき画商」です。ふろしき画商と言っても彼らがそう名乗っているわけではありません。名刺にはなんとかスペースだとかなんとかinc.とか、かんとかトレーディングとか書いてあります。そして、名刺を出してきて有名な作家の名前を二つか三つ言います。「ああ、村上隆の作品を扱ってる」とか「草間先生、親しいです」とか、そういうことを言いながら近づいて来ます。

転売屋というのはどういう人たちかというと、Cのギャラリーから今日、二万円で買ったものを明日、競売会、業界のせりで二万五〇〇〇円で売るわけです。たった五〇〇〇円を稼ぐためにそういうことをする。ぼくにはまったく信じられないビジネスです。これが一〇倍になってから売る……のだとしても存在を肯定したくは無いですが……まあ、理解はできます。

画商のキング、ガゴシアンをぼくは尊敬しています。理由は革命を起こしたからです。現代美術のマーケットの牽引をこの一五年やって来たプレイヤーの一人は、まごうことなく、ラリー・ガゴシアンです。これと転売屋とは、まったく意味が違います。

五〇〇〇〇円の利ざやを稼ぐために、毎日いろんな若いギャラリーで買って競売会で五〇〇〇円を儲ける人たちがいっぱいいます。これに本当に若いアーティストたちはつかまりやすい。年齢的にも四〇歳代中盤くらい、一見すると若くもない。あたかも、Cのギャラリーみたいな感じで近づいて来るわけです。そして、業界慣れした話をするわけです。香港のオークションとつながっているとか、すぐお金が払えるよとか、うちの作家はこういうカタログに載っているよとか。こういうことをよく言います。

ぼくとしては、申し訳ないですが、基本的に転売屋を尊敬できない。理由は、口先では偉そうなことを言ったり、「わかってるよぉ〜」的なふりをしますが、創作者へのリスペクトがない。どれだけ苦汁を舐めて来て、どういう歴史なのかなどを理解しない。彼らがしょぼい売買を繰り返していくうちに作品が汚れたり、ブランディングが落ちたりする。ローカルな競売会というのは本当にドメスティックに五〇〇〇円の日銭を稼ぐためにやっているのでアートの未来だとか作家さんの将来とかをぜんぜん考えていない人たちしかいません。

そういう人も業界の中にいてしまうわけです。そもそもオタク・エリートになれなかったクリエイティブの落ちこぼれが集まっている業界での、さらに落ちこぼれの人たち。ある意味、競争相手の少ない平和な世界ともいえるかもしれない。どんどん下がってもまだまだ底が見えない世界。でも、そんなふうになるくらいだったら、金は無くても若くて元気なギャラリーに入っていって一緒に作品を組み上げていったらどうでしょう、というのが、ぼくのみなさんへの強いメッセージであり希望です。

ギャラリーデビュー

どこかのギャラリーでデビューすると、展覧会を画廊ではだいたい二年に一回やります。さらに、その画廊さんが元気があればアートフェアに出るので一年に三、四回、海外に作品を持っていく。そうやって名前が売れてくると美術館のキュレイターが来て美術館のグループ展や個展に招待されます。それが上手くいくと、今度は海外の美術館や画商さんから声がかかるようになって海外展開というのがあります。

❶二年に一回画廊でやる展覧会

❷アートフェア
❸美術館でのグループ展
❹国際展での展開

この四つのうち、アーティストがいちばん頑張らなければいけないのは何か。

❶〜❹と思われがちですが、そうではなくていちばん、頑張らなければいけないのはやはり❶のギャラリーでやる展覧会です。

なぜか。それは、ぼくらアーティストというのは未来を語らなければいけない、未来のアートシーンはこういうふうに変わっていきますよ、ということを言わなければいけないわけです。だから、ここで勝負球を投げなければいけない。いちばんオーディエンスが少ないんです、でも、ここで何がしかを語れなければ未来は作れない。

人間関係で最初から美術館や国際展に行ったところで、キュレイターの思惑に従って作品を作らなければいけませんから思い切った冒険はできないわけです。しかし、めちゃくちゃな冒険をしなければ未来というのは作れない。

プライオリティ順に書くと、ギャラリーでやる個展がいちばん大事です。

アートフェアが二番目に重要で、理由はCの若くて元気なギャラリーを選ぶなら彼らを食べさせてあげないといけない。貧乏で金のないギャラリストのためです。このアートフェアでも勝負球を投げないといけない。ぼくらの世代より前は、アートフェアというのは普通は売れ残りをもっていくものでした。でも、ぼくらの世代からアートフェアでも勝負球、最新作をださないといけないのではないかというように考えを変えてきた。だからアートフェアに行って新作を買いたいというようなコレクターがどんどん出てきてアートフェアそのものも盛り上がってきたという歴史があります。

そして、キュレイターが招待する美術館の展示、そして国外の展開、国際展など。こういうプライオリティを考えておくというのが良いのではないか。つまり、アーティストとしてデビューするには若くて元気の良いギャラリスト、パートナーを見つけて、そこで元気いっぱいの展覧会をやれば良いというだけだったりするわけです。

職業としてのギャラリー

画商さんに続いてギャラリーの仕事とは何かを説明しましょう。アーティストの仕事ではないのですが、ギャラリーの仕事を理解することでアーティストの仕事とはどういうことかということも理解しやすくなるからです。

まず、この本を読んでいる皆さんがアーティストだとします。アーティストである皆さんが作った作品をお客さんに売ってくれる仲介者がギャラリーであることは誰でもわかることですよね。

例えば、ハウザー&ワースというスイスのギャラリーがあるのですが、ポール・マッカーシー（Paul McCarthy）というアーティストをフラグシップな御輿として一〇年担いだ。一〇年前はそんなの担いでと疑問視もされていたのですが、アメリカでは評判の芳しくないポール・マッカーシーを一〇年担ぐことでヨーロッパではやっぱりアメリカのアーティストとしてはテッペンまで押しあげました。そうやって信頼を得てスボード・グプタ（Subodh Gupta）とかインドのマイノリティのアーティストを揃えるだけでなく、亡くなったコンテンポラリーのアーティストの権利も集めて勢いがあります。

ここはやっぱりおうちがすごくて、美術館をお母さんがバーゼルに持っている。北京オリンピックのあの有名な鳥の巣をつくったヘルツォーク&ド・ムーロン（Herzog&de Meuron）、トム・ウェッセルマン（Tom Wesselmann）の建築があって、そこでものすごいミュージアムをやっています。この間も三〇歳代前半のアメリカのアーティストを他所のギャラリーからヘッドハンティングして大きな話題になりました。

アーティストがギャラリーを移るのはある意味、野球のトレードに似ていますね。『バスキア』という映画でもドラマになっていましたが、そういうものもストーブリーグみたいな感じで結構メディアが書き立てて楽しむ状況があります。

さて、ギャラリーは画廊というお店を持っていて仲介している。お店ですからお客さんがいてお客さんに販売するわけです。それ以外にも、美術館から依頼が来たら取次をやるということもありました。しかし、ここ五年間くらいアーティストが社会の中でいろいろ注目されることが多くなってきて、ギャラリーが作品を売るという仕事だけではない、それ以外の余分な業務もやらなければならなくなってきています。

例えば広報《プレス》活動、雑誌とかさまざまなメディアが作家にインタヴューをしたいという時にそれを仲立ちする仕事です。例えば、ケータイの待ち受け画面にアーティストの作品が欲しいということがあったとしましょう。実際、草間彌生さんがコラボレーションされたケータイがありましたが、ああいう場合でも権利管理をしないといけません。だから、海外から来ているさまざまなオファーシート、アーティストになっている人はそもそも実務能力が低い人が多いですし翻訳なんてできないので、英語・ドイツ語・中国語・フランス語を翻訳してこういう展覧会のオファーがきていますけどやりますか、ということをしないといけません。

作品をお客さんに売ってもそれで終わりではありません。アーティストにその代金を払う場合、税務処理もしないといけない。それから、昔からそうでしたが、いちばんギャラリーの人が気を使っているのが、アーティストの面倒を見ることです。メンタル面も含めて盛り上げたり軌道修正をしたりする。今、もうここまで全部をギャラリーがするのは無理になっているわけです。

例えば、ここに新人アーティストがいるとします。彼の作品が一点五〇万円だとしましょう。アーティスト五〇パーセント、ギャラリー五〇パーセント、二五万円、二五万円で分ける。ひとつの展覧会で作品が五つ売れたらやっと一二五万円の稼ぎです。けれども、展覧会がだいたい三週間で準備に一月くらいかかるとすると、六週間で一二五万円というのはあまりビジネスとしては大きくないわけです。

その中で翻訳をやらなくてはいけない、権利管理をやらないといけない、プレス活動をやらないといけない、それでアーティストがギャラリーに来たら飯を食いに行かないといけない。税務処理もしないといけない。そんなことまでできないよ、と言いたくなるのは当然です。実際、できないです。それで、それはアーティストさんが自分でやってくださいとなってしまうわけです。それが、さっき言ったように若いギャラリストだと一緒に苦楽をともにしようという気持ちをもってやってくれるので、その点が良いわけです。

エージェント

　プレス、権利管理、税務、翻訳業務、アーティストの面倒見、アーティストがスター化していく中で雑務が急増している状況で、ギャラリーのできないところをするエージェントが必要とされているというのが、ぼくの考えです。

　ギャラリーが売り上げを立ててその中で全部を補えないのであったらアーティストとエージェントが分け合って雑務を処理する。ぼくが今考えているこれからのアート界像というのはアーティストとギャラリーが半分ずつだったのを三分の一ずつ三等分する。だから、アーティストの取り分が減るわけです。実際、一六パーセントくらい減ります。でも、その一六パーセントで税務処理だったり権利管理だったり翻訳業務だったりという雑務が人に頼めるのだったらぼくは全然フェアだと思っています。

　なぜか。一つにはメディア状況が激しく変わっているからということもあります。権利で売り上げを上げるというのも結構あるわけです。そんなに大きなビジネスではありませんが、こういう業務をギャラリスト、モノを売るのが本職のギャラリーがやることはほぼありません。だから、そうした権利ビジネスでも可能性を狙ってみたいのであればエージェントをやとうのが良いでしょう。今、日本のアート界にはほとんどエージェントがいないので自分たちでつくるとかしたら良いのではないかと思います。ぼくらのカイカイキキはそのエージェントとして世界のアート・シーンの先がけとして活動しています。

カイカイキキ哲学

カイカイキキを例にしてお話しします。ぼくらカイカイキキがどういう哲学をもって活動しているか。最近、ぼくらが本当にエージェントが必要だなと思うのは、権利管理です。例えば、村上隆の場合はルイ・ヴィトンと仕事をしています。やはり、大きな会社とやりとりをするのはそれだけでエネルギーを必要とします。その時に弁護士などをつけて疑問点をしっかりと理解しあうことなしにサインしてしまうということは、国際的なマーケットの中では現実の問題として危険です。だから、エージェントが権利関係については弁護士たちと一緒になってアーティストが将来、どのように権利関係のビジネスをすればよいのか。もしくは、権利関係から生まれた作品をギャラリーに販売していくにはどういうフローがよいのかということを総合的に考えなければいけない。

総合的に考えることで作家がより気持ちよく作品を作っていくことができるような環境を

ギャラリーの仕事

客 ↔ ギャラリー(画廊) ↔ アーティスト

ミュージアム ↔ ギャラリー(画廊)

- プレス(広報業務)
- 権利管理(作家の肖像権なども)
- アーティストの面倒見(メンタル面のケア)
- 翻訳業務(英・独・仏・中・日)
- 税務
- 法務(専属弁護士)

※アーティストがスター化していく中で
雑務が急増している。

ギャラリーの仕事――これからのスタイル

客 ↔ ギャラリー(画廊) ↔ エージェント ↔ アーティスト

ギャラリー(画廊)

- 客とのつきあい
- 作家のコンテクスト(文脈)及びキャッチフレーズの構築

エージェント

- プレス(広報業務)
- 権利管理(作家の肖像権なども)
- 制作管理(モチベーションのケア)
- アーティストの面倒見(メンタル面のケア)
- 翻訳業務(英・独・仏・中・日)
- 税務
- 法務(専属弁護士)
- 新しいマーケットの立案開拓
- 広告
- ブランディング
- 都市開発

カイカイキキ

作れなければいけないというのがぼくの構想です。どうしてかというと、本当にぼく自身が気持ちよく作品を作る状況になかったのでカイカイキキという組織をつくったからです。カイカイキキはアーティストに気持ちよい環境を提供できるシステムでなければいけない。

ぼくが考えるエージェントの最終的な仕事というのはまったく新しいマーケットを創造するということです。まったく新しいマーケットの創造というところまで到達しないと、やはり意味がない。ぼく自身が実践している他メディアへのブリッジをかける仕事とか、ほとんどが今のところコラボレーションという形です。

しかし、作品を販売して、その売り上げをシェアするという考え方とはまったく違う「作品」の社会への流通のさせ方、そう言ってしまうとマーチャンダイズのように受け取られるかもしれませんが、そうではありません。そういうマーチャンダイズとはまた別の形式の作品の流通方法、あるいは作品の制作方法、そういうところまでエージェントは考えるべきなのではないかと思っています。

例えば、サッカーの本田圭佑《けいすけ》選手はエイベックスとサッカー以外における業務提携契約をしてエージェントのような活動をさせているようにみえます。スポーツドリンクとかのコマーシャルに出るような戦略を考えていくわけです。そういうところまで時代がアーティストに要求するようになっている。ギャラリーが作品を売るセレクトショップに特化するならエージェントがそれを補うべきなのではないか。

ぼくは今こういう提案をし実践しています。我々の存在がアーティストの可能性を広げるというところまで行っていると思います。でも、もしギャラリーにすべてを包括する力があるなら、それにこしたことはない。逆にぼくらカイカイキキはエージェントから始まって、ギャラリーも経営しています。すべてを統括してフルスケールでアーティストのブランディングをして総合的なアーティストの活動の場を作っていく。

言ってみれば、『少年ジャンプ』でヒットするマンガを作る、そのマンガに付随してアニメを作ったりテレビゲームを作ったりカードゲームを作ったり海外で映画を作ってもらったり、マルチメディアに対応させていくのがエージェントの仕事です。

マンガだと出版社がそういうことをしてくれていました。けれどもこれからはどうなるかはわかりません。マンガ界でもエージェントというのがたくさん出てきて中間的な発案、作家のケアから発掘育成までを請け負うのではないかといわれていますし、事実そういうふうになってきていると思います。

こういうギャラリーの仕事プラス、エージェントの仕事というのがある。そういうことを理解しながら、では、アーティストは何をすべきなのかを考えなくてはいけないのではないかと思います。

アーティストのオリジナリティ

アーティストが考えなくてはいけないこととは何でしょう。

ぼくは、この本の中で、ここまでの間、ほとんど作品を作る話をしていません。それはあえてしていないのです。その理由を説明します。これはぼくの試論ですが、作家になっていくには、師――徒弟制度とか、スクール（流派、学派）――、例えばバウハウスとか、こういうところで密着して作家にぴったりついて教育を受けるしか可能性はないと思うからです。

なぜか。アートに求められるものは何かというと、オリジナリティだからです。オリジナリティを個人の中から引っ張り出すのもこれは才能です。これを自力でやれる人はあまりいないのではないか。

カイカイキキ所属のアーティストはいわずもがなですが、カイカイキキのアーティストに限らずぼくより若い世代のアーティストは、否応なしに奈良美智や村上隆の影響下にあると思われます。そこからオリジナリティを創出するのはとても難しい。

オリジナリティというのが常に新しいことをやればいいのかというとぼくはそうではないと思っています。例えばトム・ウェッセルマンはポップアートでは中堅どころとして、アメリカでは非常に評価されています。他には、ジェームズ・ローゼンクイスト（James Rosenquist）という作家もいます。彼らは日本ではそんなに有名ではないかもしれない。

アメリカのポップアートを構成するにあたって、有名ではないアーティストを含めると五〇人くらいがデビューしてポップアートそのものを盛り上げました。その頂点がアンディ・ウォーホールです。頂点でなくともロイ・リキテンシュタイン（Roy Lichtenstein）とかそういう作家がいるわけで、ではどうすればいいのかということが問題になるわけです。

マンガの世界だったら、こういうことに有能な編集者がマンガ家個人の内面にまで下りていって引っ張り出して、作品、商品にするという作法がすでにでき上がっているのかもしれません。音楽でも同じかもしれない。でも、アートの世界ではまだそういうことは始まってもいません。

逆にさきほど言ったように、こういう考え方そのものがここ三〇年間否定され続けている。つまり、自由神話によってこうした商業的な成功や特定の哲学を追ってしまうのはよくないのではないかと思われているわけです。だから、師であれ流派《スコラー》であれ、作家密着型で才能を引きずり出す教育とか訓練というのがぜんぜんできていません。それが、ぼくが、ここの読者であるあなたたちに作家になるにはこうしろということができない理由です。

実際、若いアーティストと話すと、だいたいアートの世界はこうなんだ、ということを聞きたがります。どちらかというと、それしか聞きたがりません。なぜかというと彼らはもう自分の作品を作っているからです。だから、どうして、自分の作品がこのアートの世界で受け入れられないかということを聞きたがるわけです。アートの世界の構造を知る。そうすると、なぜ、君の作品が受け入れられていないのかということもわかるのではないか。そう思って今、アートの世界の仕組みの話をしています。でも、もし、個人の作家性を引っ張り出すのなら、やはり、師とかスコラーしかないと思います。

昔だったら、パリにはサロンというのがあって、カフェなどでもアーティスト同士が啓発しあったわけです。やはり、一個人でいけるところには限界があります。複数の人間で啓発しあわなければいけないと思います。戦前のパリだったら啓発しあうだけの偶然性があったかもしれません。それも運です。

でも、結構今の東京にもそういう偶然性はあると思います。だから、東京にいてしかるべきところにいって、めぐり合っていろいろ言い合うのは、ぼくはとても良いと思います。けれども、アートの世界とは何か、そこがどうなっているかということを知っている人がほぼいないというのが問題なわけです。

当時だったらダダイスムとかシュールレアリスムみたいな大きなムーブメントがあったわけですが、ここに、こういう新しいものがある、それをアートの世界全体にわからせるためにはこの世界の構造を知って、そこに政治的に介入するとか、あるいは、弱点を知ってそこに忍び込ませるというようなことをしなければいけない。それで、こうしてアートの世界の説明をしているわけです。

自分を掘り下げる

アーティストが自分の芸術的なものを引っ張り出そうと思うのなら、どうか日本式自由神話から脱出してください。内向的な作品、私小説的な作品は絶対ダメです。だいたい、絵が下手で内省的なものを誰がみたいと思いますか。ぼくらアーティストになるような落ちこぼれは、猿回しの猿になって玉の上に乗っかるしかないのです。だから、どうか、私小説的な作品は今すぐやめましょう。そうではなくて、本当に真剣なお笑い芸人のように笑いを取るなり、命がけで作品を作るなりして、国際的に見ても、これはすごい、こんなとんでもないことはできないというくらいでなくてはならないと思います。

北野武さんがカルティエ現代美術財団で展覧会をやって、日本のアート関係者はいかがなものかと言っていましたが、ぼくは前々から彼がやっていることはアートだと思っていました。それはカルティエ現代美術財団で展覧会をやったからアートと認められているという意味ではない。当時から、今だったら絶対できない肉弾戦、明日台風が来るという港の湾の壊れかけたバスの中に海パンの芸能人をいれて沈めておぼれさせるなんていうパフォーマンスは、アート以外の何ものでもないのではないかと思っていたからです。

いわんや、それを見て笑うなどというのはこれほどひどい話はない。それを経済的にも有数の先進国である日本がやっているというのは、はっきりいって西洋の人たちには理解不能です。いじめにしか見えないような非常に低レベルな文化体系に見える。しかし、その一方で一度アートというふうにぐるっと見方を変えた瞬間に表現として人間の限界を「お笑い」というところで昇華しようとしている、のかもしれない、そういう非常にうがった見方もできるわけです。

だから、北野武は映画界はもちろんヨーロッパで人気がある。それは彼が私小説的な作品を作って自己満足せずに、内なる欲望であったり自己の可能性であったりというところをすごく純粋に出しているからです。

矛盾して聞こえるかもしれませんが、自分の内なる欲望にきちんと向き合うということは内輪受けする私小説的な作品を作って自己満足することとは対極にあります。ですから、作家になりたいのであれば美大で身につけるような私小説っぽさというのは全部忘れて、自分の中にある核心部を発見してそれを一点突破するようにして欲しい。

それには、これまでに述べたように、コンテクストを持った芸術＝西欧式ＡＲＴのルールを知ることです。あまりにも「自由神話」への信仰、自由真理教への信心が支配し、ルールを理解しようとすることにすら拒否反応が示されます。しかし、それでは芸術を創造する自由は得られません。自由は無制限に転がっていない。ルールを発見し、その中での自由を獲得することが芸術の歴史です。

現代美術の世界はＦ1グランプリのようにルールがあります。Ｆ1は全自動車競技の中で最高のレギュレーションを持っています。それにふさわしいさまざまなルールがはりめぐらされています。世界一のＦ1の選手になるのであればルールを知らなければいけない。

最初にハイアート、ロウアートということを述べましたがぼくがこれまでこの本で書いてきたことはロウアートがハイアートに勝とうとするならハイアートになぜ、学ばないのかということなんです。ぼくは自由真理教の自由に凝り固まっている教育者たちに異議申し立てをしないといけないと思っています。

ルールを学ぶことで初めて得られる自由があります。逆に言えば、ルールさえ学べば内省的でも内向的、私小説的でも、西欧アートのＯＳの上で起動させ作品を走らせることができます。内省的、内向的、私小説的なブログはたくさんあります。しかし、誰もが村上春樹になれるわけではない。

村上春樹はきちんと小説の構造、日本の小説の歴史の文脈を知っていて、ひき出しが多い。小説の文法を知っている。最近では外国でも評価され賞も取っています。アメリカの戦後の小説の歴史も知っている。翻訳もやっている方ですから世界の物語、ストーリー・テリングというのはどういうことかということまで思考が及んでいる。そのメカニズムを知っているので、その仕組みの中にこの日本の三〇年の歴史をぶち込むことで世界に発信することができるお話ができるということが『1Q84』では実験されているわけです。

そういうことが本当の芸術ではないのか。それがぼくからの問題提起です。

もちろん、天才であるならば内省的でも、内向的、私小説的でもかまいません。オタク系のイラストレーターはほとんどそうですから。それでも充分な作品を描いています。それは、彼らは天才だからですね。ただ、オタク・イラストレーションは最終的には世界の大芸術になりうるとぼくは思っていますが、今は、本当にたまにあるイベントなどでサインしてちやほやされているのが関の山です。それがいやだったら、ルールを学びましょう。英語やマナーを学ぶのと同じように勉強したらいいだけなんです。

それでも、勉強したくない、向こうのルールなんか知りたくないという人は、それこそどうぞご自由にと言うしかありません。でも、それでは、損していませんかというだけなのです。ハイアートのコンテクスト、ルールを勉強したうえでなら、やりたいと思っている内向的、私小説的な文脈をアダプテーションすることで強力なコンテンツ、強力な作品ができる可能性があります。

ルールを無視して内省的、内向的にやっていてもいい作品が作れるのだということに対してダメだと言っているのであって、内省的なことそのものが悪いわけではありません。そこだけは誤解しないようにしてください。

学歴は必要か

学歴がなかったり、二〇歳代、三〇歳代を過ぎているような人で年をとっても芸術家としてデビューできるかどうか。結構、気にしている人がいるかもしれません。

まず、学歴は芸術において一〇〇パーセント関係ありません。無関係です。芸術は他人に伝えるための技術です。だから、絵であったりとか、音楽であったりというのは年齢も関係ない。マンガを描くのであったらマンガを読むとか、ピアノを弾くであったらピアノを聴くとかそういう文法が教育を受ける側になければいけないのはその通りですが、誰でもわかる評価というのがあるわけです。マイケル・ジャクソンは歌も踊りも子供の頃から上手い。それは、一〇〇パーセント誰でもわかるわけです。その意味では年齢や学歴は芸術家としてデビューする上では無意味です。

日本の美術教育というのは美術大学を存続させるための永久運動になっています。だから、芸術家の経歴として年齢とか学歴が問題にされているような気がするわけです。〇〇大学〇〇科〇〇博士課程に〇〇という論文を書いた〇〇がいるということで敵は生成される。美大教育の永久運動を維持するためだけに、敵は作られるわけです。そうすることによって誰にでも評価できるものを評価できなくさせている。これを全部壊さなくてはいけない。もちろん、個別に立派な教育をされている方がいるのは百も承知しています。ぼく自身もそこから出てきたのですから、よくわかっています。それでも、あえて言わせていただけば、権威や権益を維持するためだけの日本の美大教育という永久運動は絶対に温存させるべきではありません。完全に一〇〇パーセント否定しブチ壊すべきです。

年齢と芸術家

芸術をやっていく上で、マイノリティであるとか自分のネガティブな部分を特性として作品化してゆくのは大いにありです。特に一九九〇年代というのは、一九八〇年代にＡＩＤＳが出てきてニューヨークではマイノリティであったゲイカルチャーというのがメジャーに台頭してきました。ＡＩＤＳという病気がゲイの中から発生してしまったことが事実かメディアによってつくられたのかということは脇に置きます。

このムーブメントによってポストポップアートというのは出てきました。シミュレーションアートというのはマイノリティのコンテクストから出てきたわけです。芸術のジャンルというのはすごくいろいろ分かれているのがややこしい。大きな区分ですがハイアートとロウアート、世界の地域性、あと年齢、人種、性別、マイノリティ・イシュー、これらがいろいろかさなったり相互に関係する。

年齢といえば、最近亡くなったルイーズ・ブルジョワ（Louise Bourgeois）、あるいは非常にお元気な草間彌生さんも同じ女性のアーティストですが、だいたい六〇歳をすぎてから評価されるようになりました。では、彼女たちが二〇歳代、三〇歳代からアーティストではなかったのかといったら、そんなことはありません。最初からアーティストだったわけです。

もう、おなじみのヘンリー・ダーガーですが、病院の清掃人を生業としていた人間が家に帰るとヴィヴィアン・ガールズのような壮大なストーリーと挿絵を描いていた。ある日、彼が死んで作品が発見されたとたんにアーティストが誕生したわけです。そこには年齢の障害ということは一切ありません。むしろ、彼が作品とともに積み上げてきた年月そのものが芸術性を高めていたわけです。だから、ぼくは年齢もほとんど関係ないと思います。

ただ、ひとつ言えることがあるとすれば、『借りぐらしのアリエッティ』のメイキングで宮崎駿さんがおっしゃっていたことです。宮崎さんは今、六九歳くらいだと思いますが、自分の集中力が午前中二時間、午後二時間になってしまいました、『崖の上のポニョ』のころまでは午前中三時間、午後三時間あったのに、ということをおっしゃっていました。年齢によって集中力がなくなる可能性はあります。しかし、それだって、年をとるとともに経験もあるので限られた集中力をコントロールするスキルも増えているはずです。

これを上手く使ったのが、ぼくの大好きなマティスです。彼の場合は切り絵ですが、自分と介添えの女の子でちょきちょき切って貼ったわけです。このように短時間の集中力を最大限に生かして芸術作品を作ることは可能です。

だから、年齢は障害にはならないと思います。これもまたぼくの大好きな白隠和尚も五〇歳を超えてから芸術に改めて目覚めました。もちろんそれ以前から作品を作っていましたが、五〇歳を超えてから芸術家としての目覚めがあったので芸術家は年をとればとるほど有利になるとぼくは思っています。

A級になるには

何をもってA級とするかということですが、A級アーティストというのはゴルフの石川遼君みたいなものです。勝つか負けるかはともかく、国際的な大会に出てプレイすること。そういう大会に常に出ることができる、そして、そうした大きな大会で華のあるプレイができる、誰がみても見栄えがするということをここではA級と呼ぶことにしましょう。

晴れてアーティストになって若くて元気なギャラリーの人たちと一緒に仕事するようになりました。ギャラリーの展覧会で勝負球を投げてアートフェアで作品も売れ国内の美術館からも声がかかって、いよいよ国際舞台に立ちました。国際舞台に行ったときにどういうふうにしたらいいかをお話しします。

西欧における現代美術のコンテクストは、

❶自画像
❷エロス
❸死
❹フォーマリズム（ここでは歴史を意識すること。厳密には「内容よりも形式を重視し、形式的要素から作品を解釈しようとする美学的傾向」のこと）

❺時事

この五つをシャッフルすることが好まれます。

これは、それが好まれます、としか言えません。それをテーマにする必要はもちろんありません。ただ、それがキュレイターであったりアートの世界そのものに受け入れられやすいことは事実として知っておいてください。

こういう五つの要素を誰がどういうふうにやっていたか。例えば、ダミアン・ハースト。彼は、まず最初に死からはじめました。蝶がペインティングにくっついている、もちろん蝶は死んでいる。次は牛が真っ二つになってホルマリン漬けになっている。これも死んでいる。毎日自分たちは牛肉を食べているのに死んだ牛を見るとギョッとする。実は、そういう死をテーマにすることから彼のキャリアははじまったわけです。

時事ネタとしてはなにをやったか。彼は戦争があると、そういう陰惨な風景をホルマリン漬けにした風景を画家が見ている、何かジョン・レノンの歌詞（「A Day in the Life」）みたいな、今日、新聞でイギリス以外の国の戦争の記事を読んだというような、そういう感じで時事ネタを入れていきました。

五、六年前にはついに自画像を描き、ニュースで話題になっていましたね。ダミアン・ハ

西欧における現代美術のコンテクスト

❶自画像
❷エロス
❸死
❹フォーマリズム（歴史）
❺時事

ーストはあまりエロスはないのですが、それでも、妊婦が解剖図になっているという作品を作っていました。これもエロスといえなくもないでしょう。

フォーマリズムについてはどうかというと、あえて彼はミニマルアートの作法にのっとって、ペインティングも淡色だったり偶然によるペインティングをずっとやることで歴史を押さえているということをしていました。だから、実は彼はこの五つの領域すべてを覆っているわけです。

逆に、ミニマリズムと呼ばれたくないといっていたミニマリストの彫刻家のドナルド・ジャッドの場合はどうか。彼の場合は四角い箱を壁から突き出させたり、コンクリートで数メートル四方の四角を野原に置いたり、四角い形状で芸術的な可能性をいくらでも引き出せるのだというミニマルな形状の彫刻家として名をはせた人です。

では、彼の作品は自画像や、エロス、死やフォーマリズム、時事ネタを含んでいたのかといったら、ぼくは含んでいたと思う。

ドナルド・ジャッドは『オクトーバー』という雑誌で原稿を執筆していましたが、そうした原稿やインタヴューを受けたりすると、いろいろ語るわけです。そのうちに四角い箱の中に俺の自画像を見ろ、死を見ろ、人間のエロスを見ろ、とそういうふうに言っていって、なるほどと納得がいくような感じがしてきたら、それは成立します。

一回、四角い箱から人間の死が見えてきたら、人間の脳はそう見ようと補完しはじめます。もしかしたら何か脳内物質が出ているかもしれません。その恍惚感たるやすごいものがあるでしょう。ですから、ジャッドはミニマリストだったけれど発言などによって自ら文脈を重層化し多様性を作り出した。

ウォーホールの戦略

では、アンディ・ウォーホールはどうか。

彼はどうやって、アートの世界で革新性を創造できたのかというと森羅万象の図像をすべて作ればいいのだ、と。この世全部をマッピング可能だ、と、構造を単純化させました。次から次へとスピードをあげて新しいネタをブチ込んでキャンバスの上に刷り込んで行きましょう、というのがウォーホールの戦略でした。

いちばん、象徴的だったのはレオナルド・ダ・ヴィンチが描いた『最後の晩餐』を写真で撮ってシルクスクリーンで刷ったもの。これはＡＲＴ史の完結を表現しています。またはロウソクだけを写真に撮って同じようにキャンバスに刷ったもの。これはあまり有名ではないのでご存じないかもしれませんが、人生の光と影を表現する極めてシンプルな表現です。あるいは電気椅子の写真をシルクスクリーンでキャンバスに刷ったもの。これらは死と罪の問題を表現しているわけです。

ウォーホールはご承知のように『インタヴュー』という雑誌も作ったり、いろいろ話題になるようなあの手この手をしかけたりもしました。つまりは作品を作るだけでなく、さまざまな手段で社会をコンプリートするということでさきほど述べたような西欧現代アートの五要素を自分の手元に手繰り寄せたわけです。

それに対して日本人のアーティストの場合はどうか。

例えば、日本のアーティストで国際展にまで呼ばれるような人は、一回目はだいたい評判が良いわけです。一回目は評判が良いのに、どうしてそこから先に行けなくなってしまうのか。それは、多様性がなくなってしまうから。見え方であるとかが一本調子なのです。

だいたい日本のアートシーンは一九六〇年代の前半で思考停止になっています。だから、イサム・ノグチがいまだに日本人が考える良心的な現代美術作家なのです。

けれど、イサム・ノグチがいた時代と、今は、何もかもがぜんぜん違います。今はやはり多様性が必要なのです。

それなのに、日本人アーティストは例えば国際展に行ってビデオインスタレーションが非常に好評だったとすると、ビデオアーティストとしてやっていこうとしはじめます。これはアーティストについている画商さんも同じです。作家には多様性が必要なのに、ビデオアーティストとして評判がよかったらそれだけをやろうとしてしまう。もしも、ぼくだったらそういう場合、では、今度は彫刻をやろうか、とか、もしくは一枚も絵を見せたことがないから絵画をやってみよう、ということをその作家に薦めます。

絵画が下手でも馬鹿にされたとしても、このアーティストの多様性が認められるから問題ないわけです。それどころか現代のA級のアーティストのニーズにあっている。ですから、もし、今から皆さんが成功して国際展に行ったあかつきには、成功した作品だけではなく新しい作品を作ることをお勧めします。もちろん、成功した作品は一方でずっと作っておくわけです。同時に新しいものを作る。ここを間違えてはいけません。もちろん、全く逆に、人生をビデオに捧げるというのもそれはそれでありです。しかし、その中での多様性の表出は絶対に必要だと思います。

よく、最近デビューしたばかりの若いアーティストが勘違いして、忙しい忙しいと言います。けれど、忙しいのは当たり前なんです。ヒットしているんだから。それで締切りを全く守れなかったりするのは論外です。けれども、どんなに忙しくても評判のよかったものをやりながら、別ラインも作っていくエネルギー、パワフルさがなければA級にはなれない。それだけのことです。

今のアートの世界ではどれだけフラグを立てることができるのかというのがそのアーティストの価値のひとつです。作家イメージのマルチプル化が必要だということを憶えておいてください。もちろん、トリッキーな仕掛けのアートというのがあります。映画でいうとクエンティン・タランティーノの『パルプ・フィクション』のような映画です。あの構造、ストーリーが同時に流れたり、時間が逆転したりするという仕掛けというのは一回しか使えません。この一回しか使えないということも憶えておいてください。よく、一回しか使えない仕掛けを何度も使うアーティストがいますが、それはダメです。種がバレてしまった手品を繰り返しても仕方がないので、それはやらないでください。

密室の評価

具体的な固有名や文脈を話していないので、難しく感じるかもしれません。それはアートの評価が密室でされるものだから仕方がないのです。ぼくが今話していることというのは、その密室で行われていることを公開しているわけです。今までこういうことを明文化した人はいません。

それは、ラーメン屋の秘伝のタレみたいなものだからです。本当に簡単な仕掛けしかなくても、その秘伝をばらした瞬間に同じような味のラーメンがいっぱいできてしまうので普通は言わないわけです。しかし、もうそういうことでもないと前に進めないというのが今のアートシーンです。

だから、秘伝のタレでカップラーメンを作ってしまえという感じで書いているわけです。日本人がアートを信用していないのは、この密室での取引のせいだと思います。いまだにアートのメインの戦場は密室です。しかも、密室が壊れて、ぼくみたいな人間が出てきてオープンにすると、別の密室を作ってそこで取引が行われるようにしていくのがアートの世界の歴史でした。

ちょっと前まで、ギャラリーとか美術館というのは聖域として守られていたわけですが、そこもほとんど公開されてしまった今、いちばん密室性が高い職種はアドバイザーです。みなさん聞いたことがないかもしれませんが、アドバイザーという職業がこの一〇年くらいの間に突然出てきました。結構な数がいるわけですが、その中で優れているという人は一〇人弱です。

彼らが作っている密室がブラックボックスになって、ぼくらはそれに踊らされているといっても言い過ぎではありません。しかし、アドバイザーというのはアートの世界のジョーカーなのですべてのA級アーティストが密室に関わっているというわけでもありません。ここではアドバイザーというものが存在しているということだけ憶えておいてください。

展覧会の画

さて、展覧会における良い作品とはどういうものか。

良い作品を作るには通常作品の完成度が高いとか上手いというところに行きます。しかしそれは二番目のプライオリティです。

いちばん大事なのはサプライズ、驚きです。今まで観たことのないようなびっくり仰天のアイデアを飛び出させることです。それは例えばダミアン・ハーストのサザビーズ単独オークションやぼくの場合だとカニエ・ウエストのコンサートを展覧会でやってもらうとかがそれにあたるでしょうか。「それは作品本体とは関係がないのでは」と思うかもしれません。しかし、作品鑑賞の舞台を作るのも立派な作品制作です。ピカソがパンツ一丁でアトリエに立つ写真をリリースするのもそれに似た行為です。サプライズというのはいちばん大事です。

僕がデビュー時から展覧会のオープニングの趣向を毎回こらしてきたのも、観客の心をまず開かせなければ何も生まれないと思ったからです。

そして、二番目が、今までこの本でいろいろ構図、圧力、コンテクストと説明してきました、実制作のテクニックそのものです。それを総動員します。そうやって作った作品がそこにあるわけです。

三番目が納得させること。「うーん!」と少し考えて、「なるほど!」がベストです。つまり、作品そのものの技術点だけではなく作家本人や画商によるわかりやすいコンテクストの説明、「物語」といってもいいでしょう。

一番目の驚きと二番目の完成度が上手くできても三番目の納得させる何かがないといけません。一番目のサプライズというのは本当に難しいので、だいたい平凡なアーティストは完成度と納得で戦略を練るしかありません。

その方向性は?　というと結局は流れがわかりやすいことです。

それも含めて作家のイメージを確立するには順序だてたプレゼンテーションが大事です。例えば、ミュージアム、ギャラリーの個展、コラボ、インタヴューとあったとします。ぼくのケースだとまず、ミュージアムの展覧会が行われています。さらに、その前後か同時期にギャラリーの個展もあるとします。そうすると、ミュージアムに主力をおきながらもギャラリーに観に来てくれた人をがっかりさせないために、ミュージアムで、エロス、死、フォーマリズム（歴史）をやっていたら、自画像はやっていないのでギャラリーでは自画像をプレゼンする。振り子の幅を常に考えるわけです。

コラボの時には、これとはまた違って、時事ネタ、トレンドのみに集中した仕事をします。そして、インタヴューではまたぜんぜん関係ないことを言ってシャッフルさせる。そこで、できてくるのが作家のイメージです。

そうすると作家のイメージがマルチプルになってくる。だから、売り出したばかりのアーティストによく言うのは、求心的にひとつのことだけに行くのは良くない。一回、何らかの形で折角パッケージしたわけだから。そういう意味では、パッケージとしてはｉＰａｄみたいなもので中に入れるとアプリケーションがある、いろんなものが起動するというイメージですね。Ａ級になれるかどうかは別にしても、アーティストのひとつの可能性をこういう感じで整理してわかりやすくする、そして、それを同じにしないでシャッフルさせていって見え方をマルチプルにしていくと良いと思います。

これは最近の話で極めて高度なことですが、しかし、これをある程度しないといけない。特に中国のアーティストはこれが上手かった。艾未未《アイウェイウェイ》はこれをどんどんやっていった。いまのツイッターでの発言とか、振り幅で勝負してます。こういう活動の仕方が今後のアートのプレゼンテーションの主流になると思います。

昔、来日したロックミュージシャンがホテルに宿泊すると必ずホテルを壊すというパフォーマンスやってましたよね。そうすることで違うストーリーを作ってたんです。レッド・ツェッペリンでもディープ・パープルでも仕事としてテレビを窓から投げたとか部屋を壊したりとかしていました。それは、そうしないと話題がマルチプルになっていかなかったからです。アーティストも基本的には同じで話題をマルチプルにすべきなのです。

もちろん、ぼくも自分できちんとこれが自覚的にできていたかというのは極めて疑問です。解説すればこうなりますが、やはり、場当たり的にやってきたら、こうだったし、振り返ると結果的に振り幅があったという感じです。

新しく売り出すアーティストが念頭におくべきなのはイメージをマルチプル化していくことです。折角ネットワークにアクセスしているのに、なぜかひとつのところに集中していると、方向性が、どんどん、イメージを貧しくして尻すぼみにさせてしまう。これを俗にスランプというと思います。

なぜ、そういうことになっているかというとインタヴューなどで、いろいろ質問されて答えても、あまりにもわかってくれないので、わかりやすくて皆が引っ掛かってくれる言葉に安易に対応し続けていくと陥る罠です。

最終的にはパッケージがしっかりしているのが前提ですがイメージがふくらんで、パッケージがあって可能性がいくつかに分岐されているというのが大事です。

勝負のわかれ目

A級かB級か勝負のわかれ目になるのは、

❶文脈の説明
❷理解者の創造
❸ネットワーク

の三つです。

文脈の説明というのは結構、日本人は得意です。電化製品のマニュアルみたいなものです。しかし、自由神話にとらわれている日本人は、「理解者の創造」はあまり上手ではない。スポンサー、クライアント、金銭的な援助者を作っていくのは続けていくためには必須、勝負のわかれ目としては当たり前です。当たり前ですが、その当たり前のことを日本人は嫌っています。しかし、これは大事なんです。

理解者というのは例えば、アメリカでは個人コレクターが美術館のスポンサーでもあったりするわけです。今度の会議で、あるコレクターが推す作品が美術館のコレクションにされる。もちろん理事会の監査がありコネだけでは入れないようにはなっていますが、そういうこともあり理解者の創造は非常に重要です。

前に圧力ということを言いましたが、作品の内容の価値が決まるのはこういう総合力、重層化したものを強い力でプレスして、圧力をかけて出てきたものが作品だったり評価だったりします。ぼくは、作品の良い悪いを言っていません。作品の良し悪しの価値基準についてはほとんど述べていない。そこはあまり関係がありません。むしろ、一番、関係があるのは作家本人の真剣度だったりします。

村上隆の作品もそこが評価のポイントです。ぼくのデザインをボーメさんに作ってもらったりとか、DOB君を何度も何度も描いて「こんなの描いてアートだといっても」という人がいるのはわかります。でも、勝負というのはそうやって繰り返し繰り返しやって圧力をつけていくことだと思っています。

こんな事例もあります、『GEISAI#11』で銀賞を取った人の場合です。二〇〇八年九月に開催された『GEISAI#11』では、外国から審査員を五人お招きしました。ジャック・バンカウスキーさん、キャロル・イングファ・ルーさん、フィリップ・セガロさん、マーク・オリヴィエ・ウォラーさん、アリソン・ジンジェラスさんという、トップランナーの審査員を招聘して審査してもらうという、ぼくもすごく気合の入ったものでした。

その会場に、突然、白髪のホームレスが入ってきました。そのホームレスがあるブースに座っている。しばらく、そのままにしておいたんですが、周りの出展者からクレームが来たので飛んでいったら、たしかにホームレスの方が座っている。いったい本当の出展者は誰かと思ったら、GEISAIにも何度か出展して、よくわからないことをずっとしゃべっていることで有名な参加者だったんですね。ぼくはチェアマンとしての権限で、彼らに退場してもらいました。そうしたら審査員たちが遠くから見ていたんですね。ぼくが怒っているのを見て、どうしたどうしたって審査員がみんな集まって来て、

「どうしたの？」

「隆が、すごく怒っているんだよ」

「どうして怒っているのか聞きたい」

「ホームレスがいて」

「見てない」

「どういう？」

「いやもうホームレスですよ」

「それ最高!!」

もうそこで審査員の中で、どんどんイマジネーションが膨らんでしまって、何もない作品、しかも作家も何も考えていなかったかもしれない作品、タブーを犯すということでしかなかった作品なのに、イマジネーションが膨らんでしまったおかげで出展者の彼は銀賞を取ったわけです。

彼は最近、アート・グループにも参加して、メディアにもポツポツ出はじめるようになってきました。そうすると、ぼくは彼のことが気になってきてしまったんですね。なのでイベントにも招待したりしている。ぼくもUST（Ustream）の放送では「下がれ！　うるさいから」と言うけど、関係なく大暴れしている。そういうのも悪い意味で圧力のひとつです。

彼はそれしかできない作家だから仕方がないと思うし、ぼくもこうやって例に出すまでになっているから、それはそれでいいのかもしれません。でも、彼は今のままでは理解者を創造できないとも思います。

理解者を得ることは難しくない

理解者を得るにはどうすれば良いのか。難しいと思うかもしれません。しかし、実は芸術において理解者を得るというのは簡単なんです。例えばうちのカイカイキキで働いてもらっていた若い人がいます。彼には動画配信などのディレクターをやってもらっていました。ちょうど、ぼくがUSTをやりはじめた頃で、この人はある放送局で働いていた人ですよと紹介してくれた人がいたわけです。彼の作ったプロモーションビデオを見て感心して、手伝ってもらうことになりました。ぼくは彼の理解者だったと思います。

ぼくが彼のどういうところを見込んでいたかというと、❶新しい業態を知っている。❷やる気はある。❸人好きがする性格である。だから、ぼくだけでなく、いろんな人が彼の理解者となっていました。ぼくもふくめて年長者には彼の気持ちが手にとるようによくわかるからです。しかし、結局、彼は理解者たちから「うそつき」と呼ばれるようになったのです。

「自分のやりたいことを一生やって過ごしたい」「好きなことで食って行きたい」。だから、約束を守ったり、今言ったことへの責任を取ろうという気持ちそのものが評価の対象となるハズなのに彼は全ていい加減にうそをついて面倒なことを避けたのです。ぼくも二〇歳代に同じようなことを言っていました。「やりたいことしか、やりたくない」と。だからこそ、ぼくは自分の将来の信用問題を考えてどんなに小さなことでも手抜きをしませんでした。しかし、彼は約束ごとスッポリと無くなるわけです。でも、三〇歳代、四〇歳代になって、まず「やりたいこと＝社会に望まれていること」でないことに気がつき、「好きなことで食って行く」ことの「好き」が、時代と共に可変し続ける自分のいい加減さに驚き、そして、本質的な混乱と立ち向かわねばならなくなる。そして、その頃には信頼もなくなり、本来のやりたいことも消失し、ただ惰性でART業界の端っこで愚痴を言うだけになってしまうという将来像が浮かんできます。

仕事にもピラミッドがあります。若い人は下の方からのスタートです。やる気がある若い人がいると、真ん中くらいの人が、この子にまかせてみようというので、制作費も含めて浮上してくるわけです。そこで頑張っていると、さらに上の人がおもしろいねと引き上げてくれようとします。信用を得てはじめて上の仕事ができます。

ぼくのつきあっているその若い人の場合は、その局面でさきほど述べたような社会性がネックになってしまったわけです。ところが、自由神話では大人が悪いとか、社会がダメだというとになっています。彼らの仲間の中では時間を守らない、人の言うことを聞けないという行為は是とされます。彼のやっていることこそが社会との戦いである、もしかして、そのように思っているのではないのか、これは本人にもそう言いました。

こういう若い人はいっぱいいます。もちろん、ぼくも年をとっているので「今どきの若いものは」という感じがあるかもしれませんから一方的にぼくの言っていることが正しいとは思いません。

けれど、冷静に考えてみてください。とにかく無節操に自由でいたい。人の顔を潰そうが何しようが自由がいちばん。社会構造を理解するより自由な立場を優先したい。しかし、うまい話にはのりたい。のっても、そのうまい話を自由気ままに好き勝手にやりたい。それはできない相談です。しかもキャリアも成功例もそれほど持ち合わせていない。それなのに、どうして自分の今の社会的立場を理解しようとしないのか。それは、そういう訓練を受けてこなかったし、仲間内でも社会に馴染まないことが正義という共通理念が発酵熟成してしまったからかもしれません。「可哀想」「そこまでいわなくても…」。その通りかもしれません。

しかし、自分を知らないといけない。なぜ、何も実績を上げられていない若者が最初から無節操な自由を手に入れられると思えるのでしょうか。

大きな企画をネゴシエートするというのもやはり信用が必要です。その時には学歴よりもどういう仕事をしてきたかという実績が問われます。何かどうしようもない日本式企業経営の話のように聞こえるかもしれません。でも、ぼくがいるアートの世界で今まさに行われているのはこういうことです。

ルイ・ヴィトンとか六本木ヒルズの時も、ぼくが気がついていないだけで若い頃と同じようなことをしていたかもしれません。それを一つ一つ、さまざまな状況で咎められたり、ギャラを減らされたり、逆にギャラを増やしてもらったりとか、そういうことの積み重ねです。

そうして学んでゆく。だから、理解者を得ることは難しくないと思います。しかし、理解者を得て、そこから次に信用を得るのはたいへんなわけです。

二〇一〇年にぼくはベルサイユ宮殿で展覧会をやらせてもらいました。その展覧会のスポンサーはカタールという国です。フランスとカタール政府がエネルギー関係の折衝をする上で、関係を深めるための大きなイベントとしてベルサイユ宮殿のぼくの展覧会をオーガニゼーションしていると聞いています。そういう状況で、村上隆というアーティストは信用できるのか、キャリアを見るわけです。あれもやっている、これもやっている。これもはずしていない、あれもはずしていない、だったらいいのではないか、やらせてみよう、それがキャリアです。

もし何かの情報がネガティブに働いて、もしかしたらベルサイユ宮殿での展覧会は中止になったかもしれない。でも、とりあえず、今のところ信用してもらえて、世界遺産の中で展覧会ができるという社会的にみれば、それ相応の意味があることができるようになったわけです。

繰り返しますが、理解者というのは必ずあらわれます。大事なことは、そのあと信用をどう増やしていくかということです。

若者を批判したいわけではなくて、若者と付き合っていく上で有効な方法を探しているのです。自分も数年間、ヒロポンファクトリーといいながら、反社会性を売り物に作品を作っていた時期がありました。手伝い常時五〇人、ボランティアだったし、法人にする意味がわかりませんでした。

社長になって威張《いば》りたい人が会社を起業するのだと思っていました。しかし、そうではない。法人を設立することで、個人と社会を繋ぎ「自由」を創造するための折衝を行わねばならないのだと痛感したわけです。

最初は税理士に苦労しました。何組もの先生方に頼んできましたが、皆、我々のような業態に先例がない、という一点ばり。今考えるととんでもない状態の課税をされ続けました。アメリカの会社を持つと、それだけで限りなく「黒」扱いです。移転価格税制なんて、アーティストにわかる訳ないと思いましたが、社会＝税務署から見ればぼくはアメリカにも会社を持っている＝限りなく「黒」です。

だから、その辺から一つ一つの作業を自力で行わねばなりません。作品を作っているどころではないのが現実でした。社会と個人と自由と責任。このバランス。芸術家は自分が意図していなくとも文化的な仲介者になってしまうのです。その役目を負わされたとき、きちっとした線引きができていなければ、戸惑い、弱者面をして責任逃れをし、グダグダになって「芸術家はダメだね、やっぱり」と社会的信用を失っていく。

自分の自由を主張するだけではダメなのです。今年はカイカイキキで都合、数十人の新人アーティストを暫定的であれ扱います。つまり、作品を販売させていただく。ということは、作品をクライアントにご購入していただくのです。だから、若者との対話を真剣に思考中なのです。

肉親を説得しろ

よく、売り出したばかりのアーティストに言うのは、もし自分の個展をやるなら自分のいちばんの理解者であるお父さんやお母さんに作品を買ってもらいなさい、お父さんやお母さんを信頼させられないようなプレゼンテーション能力だったら君にはアーティストとしてのプレゼン能力がないということだ。まず、親類縁者、お兄さんお姉さん、そういう人たちに買ってもらえたら、君の個展は作品が二〇枚しかないから、それでもう半分売れるじゃないか。半分売ってきなさい、ということです。

そうすると「村上さん、それやらせじゃないですか」と言ってきます。ぼくは「やらせなわけがない。君はデビューしたてで理解者が誰もいないのだから、その理解者に買ってもらえるようなプレゼン能力、まさに、あなたが自分に今投げかけた、『やらせじゃないのか』

という問いかけを、お父さんお母さんに説得するだけの能力がなければ、これから芸術家として世に出ていけない」という論理で、まず親戚たちに売らせるようにしています。

実は売れると自信がつくんです。そうして一つ一つの階段を上っていくということがあります。理解者をつくるというのはたいへんなことでもなんでもない。現に今ぼくが、これはどうなのかな、と思っているような若い芸術家でも、彼女や彼氏というのがいちばんの理解者になって彼ら若いアーティストをプッシュしています。ロックミュージシャンでもそうですが、芸術家になろうとする人を応援するような気風は日本の社会の中にまだ残っています。ある程度のやる気とおもしろみがあれば理解者は出てくる。ぼくは若手のアーティストに期待しています。

予算は無制限

A級アーティストがいれば、コレクターや美術館にもA級があります。これはぼくの体験談ですが、世界のトップコレクターとかトップミュージアムというのは、とんでもないオファーを突然してきます。

例えば「隆、彫刻を作ってください」「君がやりたいことをやってくれ、何でもいい」「予算は無制限」。

無制限というので見せてくれたのが、リチャード・セラの鉄の塊が四つくらい芝生の中にドーン、ドーンとあるような作品です。教会が建っているので、「これ何ですか」と言ったら、こういう彫刻を収めるために、イタリアから潰れそうになったレンガ造りの教会を、どうしても作家が持って来たいというので持って来たというのですね。

「作品を作るより教会を移築する方がお金かかっちゃったよ、ハハッ」

つまり、そういうことを「隆もやってよ」と言われて、

「ぼくそんなアイデアないです」

「いや、日本人でそういうのやった人いないから楽しそう。だからそういうのやってみてよ。やろうやろう」

と言われて、結局、ぼくは、そのリクエストに現在に至るまで応えられていません。リチャード・セラみたいに、知り合いの潰れかけの寺があるから、それを全部移築してよその国の田園地帯に建てましょう、みたいな話を、もしかしたら、ぼくからも聞きたかったのかもしれない。けれど、ぼくが考えたのは、予算は無制限というけど、下は芝生で人の腰くらいまであるきのこの彫刻を作ろうか、あの業者はすごく高いから制作費ひとつ五〇〇万円として、今、自分は三〇〇万円しかないけどどうしよう、みたいなみみっちい計算を頭の中でし

ていました。そうこうするうちに四年経ち、七年経ち、一〇年が経ってしまった。これがぼくの現時点での限界だと思います。

他に、とんでもないオファーでは「村上さん、美術館を作ってくれ」とか、「オリンピックを作ってくれ」というのもありました。スケール感がよくわからないのです。

最近、ウソか本当か知りませんが、産油国の人がアニメの制作会社に都市計画を発注したという噂がありました。本当にとんでもないオファーがあるわけですが、ぼくはこういうとんでもないオファーに応えられなかった過去がある。その意味ではB級アーティストです。しかし、B級アーティストではなくA級アーティストになるには「頓知」を使っていかに、驚くべきものをクライアントの意思にあわせて作ってあげるか、この世の中に出現させるかということをしなくてはいけない。

例えば、艾未未は北京オリンピックの鳥の巣を作ったといわれています。彼なんかはそうやっていろいろ頓知で切り抜けてきたアーティストのひとりです。艾未未の場合はコム デ ギャルソンなんかともコラボしていますが、どうしてもう一回、今ブームが来ているのかというと、こういう国家的な事業をやっていながら、二〇〇八年の四川大地震の被害の全貌を政府があきらかにしていないことに対し、独自に調査し作品としても公開しようというプロジェクトをすすめて、政府から批難されているからです。どちらかというと艾未未は体制側だと思われていたのに、どうして反体制になってしまったのか、どういうアーティストなのだというので、またこれが圧力になるわけです。そういうこともあって艾未未はこの一年くらいまた盛り返しています。

つまり頓知によって美術館を作ってくれ、オリンピックを作ってくれというのに艾未未は応えたわけです。それでも、アーティストの寿命を終わらせずにその次につなげるにはこういう頓知でもない、本当の憂国というか自分の魂の発露で国家の方針と違ってしまうような発案のプロジェクトをやるしかなかったのかもしれません。しかし、とにかくマルチチャンネルを作っていくのがアーティストのサバイブしていく方法です。

そして、最終的にはそれが戦略ではなくて素でやれるかどうか、ということがすごく大事です。天然とよくいわれますが、天然であるかどうか見極めるにはトレーニングが必要です。心の内部まで下りていって、その奥にあるわだかまりみたいなものを一個、また一個と取り出していってこれを成長させたり、結晶させていくということをしないといけない。

そうでないと天然性というものは産まれ落ちてすぐ発動するものではありません。これもひとつのミソだったりします。繰り返しますがそれはさきほど述べた国内のコンペでよくある一見内省的な私小説風な作品を作るのとは対極にあります。それとはまったく違う、似て非なることです。

日本画という不幸

少しだけ日本画の話をします。ぼくは日本画出身です。大学で日本画科というところにいたので、言いたいことはたくさんあります。

現代の日本画というのは名前に「山」がつく作家が多いので「三山」とか「五山」と言います。東山魁夷《ひがしやまかいい》、杉山寧、高山辰雄《たかやまたつお》、加山又造《かやままたぞう》、平山郁夫たちが、戦後に作った昭和日本画というのがあり、その影響下にあります。明治大正のころの日本画というのは日本の芸術界においては最高峰のエリートでした。それはなぜかというと日本を背負った芸術だったからです。

明治期に西欧画、西欧文化が入ってきたときに、どうにかして日本を対抗させなければいけないという意味で西欧から入ってきた洋画に対して日本画という言葉が出てきました。ですから、既にこのカテゴリー自体に意味がありません。今や、ついに洋画なんていうことはほとんどなくなりました。先端芸術科とか油絵科という科は東京芸術大学でもどこの美術大学でも大学の科として存在しますが、日本画も科としてだけ存在すればよいのではないか、もう日本画業界というのはなくなった方がよいのではないかというのがぼくの意見です。

なぜかというと、現代社会に必然性がないからです。なぜ、昭和の日本画に必然性があったかというと戦後の荒廃した人心を癒やす、癒やしの芸術だったからです。でも、今、日本人が癒やされているのは貧乏であったマンガ家の『ゲゲゲの女房』に癒やされているわけです。水木しげるさんが今や日本の芸術家の代表選手ではないか。日本画というものをぼくはもう必要がないと思うというのはそういう理由です。

水木先生はまだリタイアされていませんが、今からリタイアしたマンガ家とか、もしくは大御所、例えば松本零士先生などは博物館の名誉館長をされていますが、こうした人たちが日本画、日本画家の役割を担っていくのではないか。そもそも今の社会には洋画を相対化して生まれてきた日本画の生きる場所がない。大学に科があるというだけでポジション探しをするのはおかしいと思うわけです。

大学に行って日本画というと、すぐ素材論になっているわけですが、素材をどうこうというのもおかしな話です。それは、ジャンル総体の話としてはあまりに小さい話なわけです。芸術をしたければマルチメディアでやっていけば良いのであって、日本画の画風みたいなものをｉＰａｄでも描けるわけです。そうではなく、素材で岩絵の具というものを使っているのがすばらしい、日本の歴史万歳みたいな、そういう日本画の風潮というのは、今後きっとなくなるはずです。皆さんが悩むまでもなく、この業界そのものがなくなっていくと思います。

人生は短く、芸術は長い

最後にやはり、どうしても価格のことが気になるという人が多いかもしれないので、芸術作品の価格と価値について、戦後アートの中で落札金額が特に高いと言われるウィレム・デ・クーニング（Willem de Kooning）、フランシス・ベーコン（Francis Bacon）、ジャクソン・ポロック、ジャスパー・ジョーンズを例に、彼らがなぜ評価されるのかぼくなりに意見を述べます。

以前にも説明したとおり、イギリスとアメリカのアートというのは政治的に作られたフシがあります。芸術というのは常に政治的なものです。大衆芸術は政治性が薄いとはいえるかもしれませんが、とはいえ、例えば東京都だってアニメーションに援助して東京国際アニメフェアとかやっています。例えば、今あげたデ・クーニング、ベーコン、ポロック、ジョーンズ、で言えば、デ・クーニングとポロックなんか、こう言っては何ですがピカソの亜流みたいなものですからね。

では、どうして彼らは巨匠になったのか、デ・クーニング、ポロックはＵＳＡ、ベーコンは大英帝国です。イギリスもアメリカも戦争に勝ってから巨匠が生まれています。

戦後の現代アートの巨匠はアメリカとイギリスが作りました。それ以前はパリだったわけです。パリは初めて貴族とか支配階級からの解放運動があって大衆に自由運動が起こった。その自由の街、パリに起こったインディペンデントの芸術運動はなんてすばらしいのだろう、自由というのもすばらしいものだろう。それが、日本人の自由神話という弱みにも繋がっているわけです。

デ・クーニングにしてもベーコン、ポロックにしても英米です。もちろん、コンテクストとして見ていけば作品として良い部分はたくさんあります。でも、なぜ高いのかと言われれば、それは今、中国の作家さんの作品が高いというのとどこが違うのでしょうということです。国力があがってきた。金がある。そうしたら、オラが村のアーティストを押し上げたい、それは人の気持ちとして当然あるわけです。

日本人だって同じことをやったわけです。戦後の現代日本画でいえば、平山郁夫先生とかがそうだったと思います。しかし、これは戦略を間違えて世界的な文脈でなく、日本の画商さんが食べるためだけの構造になってしまって失敗したわけです。だから、価格が高い安いということと、作品のよしあしというのはまったく一致しないということを、はっきり知っておいた方が良いと思います。

こういうことがありました。ちょうど、作っている作品に参加している非常にビデオを撮るのが上手なアニメーターの方と話していたときのことです。

彼は「アニメ業界も非常にたいへんになっているので、自分もアニメーターを廃業して日本画でも描こうと思っているのですが、村上さんどう思いますか」と言う。

「やめた方がいいのではないか」と、ぼくは言いました。

そうしたら彼は、「日ごろからずっと疑問に思っていたのですが、芸術っていったい何ですか、村上さん」「ぼくのやっているアニメーションだって、芸術といえば芸術ですよね」と言うわけです。

「もちろん、そうですよ。だから、ぼくは『スーパーフラット』で金田伊功さんを芸術家の一人として認めるべきだという命題をアート界に投げかけたんですよ」

「ですよね。でも、実際、アニメーターの作品が高額になったり、歴史に残ったりすることはないじゃないですか。芸術って何なのですか」と言われました。

ぼくは、「芸術というか、芸術家というのは歴史の中に残っている人のことです。例えば、ぼくとあなたが共通して知っている芸術家が五〇人だとしたら、二〇〇〇年くらいの人類の歴史の中で芸術家はたったの五〇人しかいないということです」

「それくらいの確率でしか出ない天才というか、運がいい人のことを、ぼくらは芸術家といっているわけです。今我々が生きているこの日本国で、そのような天才に出会うのは難しいでしょう。ぼくらが目にしている現世では、芸術家がいない確率の方が高いですよ」と話しました。

そうしたら、彼は「えっ、では村上さんは芸術家ではないんですか」と驚きました。

「ぼくは歴史に残ろうとしているけど、残れるかどうかはわかりません。わからないけれども、挑戦することでハイブロウアートという世界、ルールのある世界で生きています」

「日本にそういう芸術家というか、アーティストがいないのはわかりましたが、それなら、なぜ、村上さんは日本で芸術をしようとしているのですか。そして、ぼくが日本画をやりたいと言ったら、村上さんがやめた方がよいと言ったのはなぜですか」

日本画をやめた方がいいと言ったのは、それまでの話で、彼が「日本画＝伊藤若冲」だと思い込んでいたからです。伊藤若冲は日本画ではない。日本の歴史の中にある、日本の中の日本画というテーゼをまとわない絵画です。「若冲」を目指すのなら問題はない。しかし、日本画とは近代になってフェノロサや岡倉天心などが作りあげた概念で、それはやめた方が良いと言いました。

ただ、彼は食べられる・食べられないということを問題にしたので、

「現在の日本の絵画のマーケットでは、そんなに高額で取引されているわけではない。伊藤若冲は今でこそ高額で取引されはじめましたが、それでも現代美術よりも安い」と言いました。

「なぜ、安いのでしょうか」

「それは、いわゆる社会というものがあって、それに芸術が付着している。この社会の土台の強さだったり大きさだったりによるわけです。現代美術はもっと大きい世界経済に支えられている。しかし、日本の芸術は日本社会に支えられているので、パイが少ない。それでも、日本ではマンガやアニメが今までとてもいい感じで、サバイブしてきたという歴史がある」

「今から、ぼくらのジェネレーションがアニメ、マンガが日本の芸術であるということを立証していかなければいけない」

「だから、どうかアニメーターはやめないでください、その方が良いのではないでしょうか」

「食える・食えないという話にしても、芸術家になって、今の経済状況よりよくなるという確証はないし、アニメーターとして今から歴史に残る可能性の方に賭けるのも、これまた芸術家の生きる道なのではないか」

そんなふうにお話ししました。

芸術というのは生き残った結果そのものです。生存確率の低い、しかし奇跡的に生き残った遺伝子を持ったものが芸術作品であり、芸術家です。それ以上でもそれ以下でもない。

ぼくたち芸術家は美を社会に、歴史に刻印するためだけに生きています。たとえその美が社会の規範からズレていようが、美に足るか否かは未来への時間のみが査定していくだけです。

ジョン・レノンとオノ・ヨーコのベッド・パフォーマンスが良い例です。コストはなにもかかっていない。裸でベッドに男女が居るのを公にして、ステイトメントを言った、ただそれだけです。しかし、影響力は絶大だった。だから、アメリカという国家に睨まれた。

作品にかかったコストと人の生きる美とが交換不能になるエリア。それが芸術なのです。

現状打破を可能にするシミュレーションを行って、もしかしたら何にもならないかもしれないけれど、芸術家は「夢」を見せるのが商売だから、「夢」を語ってヴィジョンを共有しよう。ぼくはこういう形で、現代美術をやっていきたい、興味があるという方々にメッセージを送っていこうと思っています。

軸足は現代美術です。現代美術の世界はこの日本ではスーパーマイノリティです。しかしその中にもこの世界とリンクする問題意識の端子は存在するはずです。狭い世界、狭い業界の中にも広げられるコンテクストはある。表層をあれこれ言うのは簡単で無意味だとぼくは思っています。思考停止を誘発して、今の問題を解決できるとは思えません。

ぼくが宮崎駿信者といってはばからない理由は、まず日本のアニメーション文化を芸術にまで仕上げていったこと。その葛藤の歴史を追ってゆくことで、さまざまな戦後日本の歪みが発見可能であること。大志をもって、創造し、成功したにも拘《かか》わらず、彼らの作品を見た子供たちは覚醒していないという悲劇をもあわせもつ生き証人の生き様に、人生の大きな哀しさと芸術の不可能性の悲劇を見て取れるからです。

しかし、それでも、芸術家は作品を作ることしかできない。それを体現している彼を見つめることで、今、ここで起こっているぼくの小さな悲劇等が、ちっぽけなものだと慰められて、現場にすごすごと戻って行ける小さな勇気をもらえるから。それが、ぼくの心の宮崎駿への勝手な信心なのです。

芸術家の本懐は、「作品」が後世に残り、感動を未来人に与えることです。赤貧と無名と無理解に悩んだ作家が、たった一枚の「作品」を残す。そのたった一つの奇跡のような珠玉の「作品」によって復活してくることがあります。

「好きなことをやって食べていきたい」「職業作家になりたい」

そういうことを考えるなら芸術家になるのはあきらめた方が良い。なぜなら、貧困も無名も作品の輝きとは無関係だからです。

芸術家の価値は死後、作品によって決まります。ゴッホやマティス、ピカソのような巨匠ですら作家は作品の奴隷であり、乗り物にすぎません。いわんや、われわれなどいうまでもありません。「人生は短く、芸術は長い」のです。

ぼくが死んでも、芸術は生き残る。そのための準備をし続ける。ただ、作品あるのみ。作品を後世に伝えるために全身全霊を込めて闘う。何時死んでもいいような作品を作る。

なぜなら、それが芸術家であるぼくの使命だから。あれこれやって、ぜんぜん全体の構想に追いつかない。プロジェクトの引っかかりを解決していく時間の方が、自分の命の時間より長いと負けてしまう。しかし、それでも、ぼくは「美」のために生きたい。命の時間よ、追いついて。

ここから先、あなたが芸術家になれるかどうかはあなたしだいです。きっとあなたの芸術を実現してください。

あとがき

この『芸術闘争論』はニコニコ動画で二〇一〇年六月一九日から五回にわたって生放送されたモノを主な素材にして、六年がかりで作り上げた『芸術起業論』のパート2です。

『芸術起業論』が大きな評判となり、すぐにでも次作を作ろうと盛り上がって、ぼくも調子に乗ってほいほい次作のためのインタヴューを受けました。でも、どうしてもうまくいかないのです。

理由は『芸術起業論』をより細かく愚痴ってばかりいたからです。ぼく自身の芸術家としての経験もまだ浅く、自分がまったく成長していなかったし、エピソードも同じようなことばかりになってしまいました。パート2ものが大変だということが身にしみました。そこから長い膠着状態が続きました。

二〇一〇年の春、ＵＳＴというインターネットＴＶの個人配信サービスとツイッターに出会いました。このソーシャル・メディアにぼくは異常にハマってしまいました。脳みそがパカっと開いて、あれこれ未整理だった発想が一四〇字の文字としてヴィデオメッセージとともに、ところてんを押し出すように出てきたのです。

その中で、ぼくは日本と直に向き合えた気がしました。『芸術起業論』では、それまでの体験談を編集者に向けて話していましたが、実は読者はぜんぜん見えていなかった。USTでのレスポンスを得て、日本の読者が見えてきて、何を語ればいいのか方向性が確実に見えてきたのでした。

そこから、徹底的に考え込んで作ったニコニコ動画での講義をやることにして、そこからまたレスポンスを得て、さらにソーシャルメディアの中の発言とこれまで長期にわたって何度も行ったインタヴューを煮詰めて、そのエッセンスだけをまとめて、今回の本ができ上がりました。

『芸術起業論』以降のARTシーン

二〇〇八年の大きな経済崩壊とともに訪れたARTバブルのクラッ

シュを経て、ＡＲＴ界は役者が入れ替わり、ずいぶんと勢力図が変わりました。

荒波に揉まれまくりました。ぼくはこの大きな変革期の荒波の中を航海し、なんとか生き延びて、ようやく今ココにいます。『芸術起業論』パート2を書くに足るネタを仕込めたことにもなりました。

そして、新たな航海に向けて船を直し出航しようとして、はっとまわりの状況に目をやると、日本のＡＲＴ業界人はバブル崩壊の波も何も受けずにまったくの鎖国状態でした。つまり、世界経済とはまったく別物で動いていたのです。

日本の若手アーティストたちには日本の地方自治体が町おこし村おこしの予算をあてがって、意外や意外、けっこう楽しくやりはじめていたのです。

その風潮にあわせて、アーティストたちの作風もナイーヴかつ場当たり的な社会のムードをフォローするような、弱気で先鋭的ではないものが主力になってきたのです。

マーケットは小さく、矮小化して、しかし、バブル崩壊の波は被っていない。津波は日本のアートシーンには来なかった。だからなおさら日本のARTシーンは海外の模倣モノやサブカル的場当たり的なモノが多発し、外国への目線は完全にシャットダウンしてしまっているのです。

地方自治体の行うビエンナーレ、トリエンナーレに外国のアーティストを呼んできて、彼らには法外なギャラを支払って、しかし日本には何も起こらない。日本のアーティストもアート業界も見世物小屋のように眺めて終わりなのです。

その辺を観察していた若者たちは、居直りの運動を起こしはじめています。公的資金を使えるようになるためのスキルを磨き始めたので、一時期のオランダの現代美術シーンのように、シーンは盛り上がっているようにみえても、実は内容の空洞化は著しい。私の立ち位置は彼らとどんどん離れていきました。

そして、もう一つ。中国経済の沸騰によって、中華圏のハブ、香港のアートマーケットが幕開けしました。こちらに日本のアートマーケットは一気に舵を切りました。日本がアートバブルだった頃の日本画や洋画のように、中華圏独特に受ける現代美術作品が作られ、出ては消えていき、その中には巨匠といわれるような作家も登場しました。

日本のＡＲＴ業界人は、そうした新しいマネーに寄り添いつつ、前にもまして主張も核も思想も何もない業界を形成しはじめました。日本でのマーケットの構築を無視して、中華圏に日本の作家作品を売りっぱなしで、今や信用も何もありません。

私はそうした状況を横目で見つつ、実行力をもってしか、この業界への鉄槌は振り下ろせぬと思い、自らギャラリーを運営し、ＡＲＴマーケットに直接参入しはじめました。

東京に二店舗、台湾にも一店舗、画廊を出して、作家の発掘育成と同時に顧客の創造にも力を注ぎはじめています。

『芸術起業論』→『芸術実践論』→『芸術闘争論』へ

まずは、シーンを作らねばならない。そのためには自分が今まで体験で学んだことのすべてを教えよう。自分が摑んだ何かを隠すことによって、自らが少々、生きながらえても仕方がない。大事なのはこの自立性のない、なにかに頼りきった日本の状況を根こそぎ変えることだ。その結論に至って、まずは若者に手取り足取り教えていこうと、『芸術実践論』というタイトルでニコニコ動画で講義しました。リアクションは熱く、ぼくの心も躍りました。しかし、ベルサイユ宮殿での個展に関しては、絶望的ともいえる無理解なレスポンスも多く、奮起して、毎晩、汗まみれになって、ツイッター上で激弁を振るい、自爆炎上を繰り返しました。

芸術家は、作品を作ることしかできません。今、ぼくのまわりで起こっている無理解や小さな悲劇などは、鼻糞のようなもんだ、最後にはいつもそう思っています。毎夜毎夜、そのように思い、PCを閉じて、創作の現場にすごすごと戻っていきます。闘いを続けることでしか生き延びることはできない。現状を変革することはできない。これがぼくの闘争論です。

表紙の作品は彫刻作品『Jesus』と言います。シングルジャケットの為にカニエ・ウェストさんが描かれたラフドローイングを清書して、で、彫刻も造った作品です。原型制作の玉ノ井哲哉さん、FRP原型を手掛けたラッキーワイドの飯島浩樹さん、他ラッキーワイドクルーの方々。鋳造制作して下さった富山の黒谷美術の皆さん、箔張りの佐野茂さん。芸術を共同して闘争するという本の表紙になりました。ありがとうございました。

謝辞です。幻冬舎の穂原俊二さん、彼なくしてこの本の存在はあり得ません。執念と怨念の男の編集者根性でこの本は完成しました。そして、私がニコ生で行った講義を元に最初の原稿を起こしてくださった編集の河村信さん。週に二回、私の興味のありそうな本を送って来てくれて、思考のポンプアップを手伝ってくださいました。

また『芸術起業論』に続き、素晴らしいブックデザインを作ってくださった鈴木成一さん、スタッフの鈴木貴子さん、ありがとうございました。

ニコニコ動画の小島健太郎さん。彼がこの企画の後押しをしてくれたおかげで新しい指針も見えました。

そして、ニューウェーヴチャンネルの助田徹臣さん。彼は本当に今時の若者でいろいろすったもんだありましたが、逆にいえば、彼との関わりなくして若者への苦言のリアルゾーンも設定できなかったことを考えると、反面教師的に大きな存在意義はありました。といっても、番組の監督は彼でした。お疲れさまでした。

カイカイキキのスタッフにも感謝。宮崎真衣、小嶋裕士、西浦悠祐、宍戸マリカ。それと三嶋義秀。番組スタッフの平野拓哉さん、中尾崇志さん、川合亮輔さん。ありがとうございました。あと、台湾でもこの本は同時に刊行されます。この本のためにとうとう大藝出版という出版社を作ってしまった江明玉さん。そのボスの邱復生さん。ありがとうございました。王筱玲さん、賴譽夫さん、長安静美さん、ギリギリのスケジュールのなか、ありがとうございました。

最後になりましたが、本書制作にあたって、歴史上の事柄については、最大限調べましたが、もしかしたら間違っていることがあるかもしれません。僕自身の記憶の中では「こうだった」と思ったことでも、芸術脳によって相当ゆがんでいるかもしれないので。その辺はスミマセンです。そういうところがあったら、ご指摘いただければ幸いです。(斎藤環さん、鈴木芳雄さん、間違いの御指摘、ありがとうございました。第三刷時、付記)

この本がまた新しい論争を巻き起こし、一人、また一人と芸術の革命に命を賭けて参戦してくれれば、苦節六年間も報われることでしょう。そして、現実にアートの世界は変わるのです。

村上隆

本文イラスト
75頁、94頁、96頁、99頁、100頁、109頁、110頁、142頁、190頁、191頁

編集協力　河村 信

この作品は二〇一〇年十一月小社より刊行されました。
本文の内容はすべて単行本当時のものです。

芸術《げいじゅつ》闘争《とうそう》論《ろん》

村上《むらかみ》隆《たかし》

平成30年12月10日　初版発行
令和7年5月25日　2版発行

発行人――石原正康
編集人――宮城晶子
発行所――株式会社幻冬舎
〒151-0051東京都渋谷区千駄ヶ谷4-9-7
電話　03(5411)6222(営業)
　　　03(5411)6211(編集)
公式HP　https://www.gentosha.co.jp/

印刷・製本―株式会社　光邦
装丁者――高橋雅之

幻冬舎文庫

ISBN978-4-344-42815-7　C0195　む-10-2

この本に関するご意見・ご感想は、下記アンケートフォームからお寄せください。
https://www.gentosha.co.jp/e/